U0928687

『十三五』國家重點圖書出版規劃項目

津沽筆記史料叢刊第九種

主編　王振良

桑梓紀聞

（增補本）

馬鴻翱　著

侯福志　整理

天津出版傳媒集團
天津古籍出版社

圖書在版編目(CIP)數據

桑梓紀聞:增補本 / 馬鴻翱著;侯福志整理. --天津:天津古籍出版社, 2020.1
(津沽筆記史料叢刊 / 王振良主編)
ISBN 978-7-5528-0915-2

Ⅰ.①桑… Ⅱ.①馬… ②侯… Ⅲ.①河北—地方史—近現代 Ⅳ.①K292.2

中國版本圖書館 CIP 數據核字(2019)第 290647 號

桑梓紀聞(增補本)

SANGZIJIWEN ZENGBUBEN

著　　者:馬鴻翱
整　　理:侯福志
責任編輯:唐　艦

出 版 人:張　瑋
出版發行:天津古籍出版社
　　　　　天津市西康路 35 號　郵政編碼:300051
印　　製:天津市天辦行通數碼印刷有限公司
經　　銷:全國新華書店發行
版　　次:2020 年 1 月第 1 版　2020 年 1 月第 1 次印刷
開　　本:880毫米×1230 毫米　1/32
印　　張:8
字　　數:135 千字
定　　價:68.00 圓

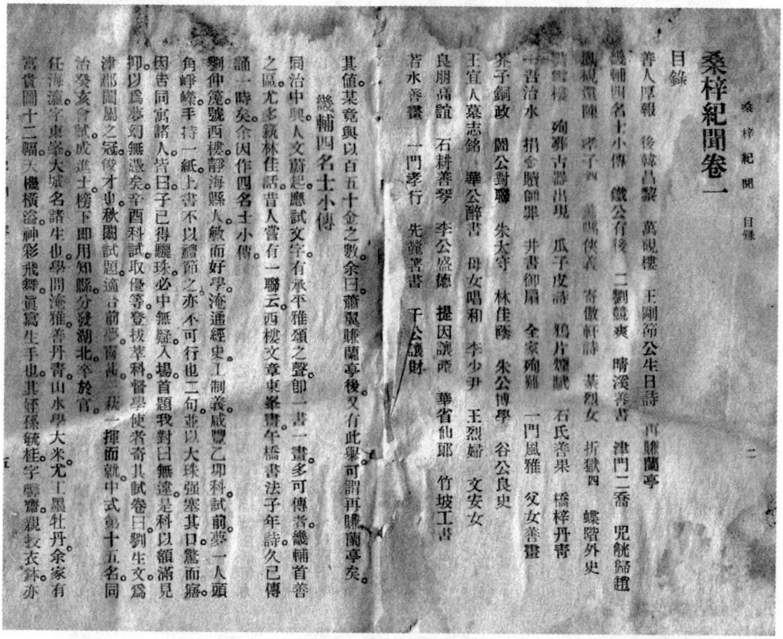

桑梓紀聞卷一

目錄

其值。某竟與以百五十金之數。余曰。蕭翼賺蘭亭後。又有此舉。可謂再賺蘭亭矣。

畿輔四名士小傳

同治中興。人文蔚起。應試文字。有承平雅頌之聲。卽一書一畫。多可傳者。畿輔首善之區。尤多藝林佳話。昔人嘗有一聯云。西樓文章東峯畫。午橋書法子年詩。久已傳誦一時矣。余因作四名士小傳。

劉仲龕。號西樓。靜海縣人。敏而好學。淹通經史。工制義。咸豐乙卯科試。前夢一人頭角崢嶸。手持一紙。上書不以禮節之。亦不可行也二句。並以大珠强塞其口。驚而寤。因告同寓諸人。皆曰。子已得驪珠。必中無疑。入場首題我對曰無違。是科以額滿見抑。以爲夢幻無憑矣。辛酉科試。取優等登拔萃科。督學使者奇其試卷曰。劉生文爲津郡闔屬之冠。俊才也。秋闈試題。適合前夢。喜甚。[illegible]一揮而就。中式第十五名。同治癸亥會試。成進士。榜下卽用知縣。分發湖北。卒於官。

任海瀛。字東峯。大城名諸生也。學問淹雅。善丹青。山水學大米。尤工墨牡丹。余家有富貴圖十二幅。大機橫溢。神彩飛舞。眞寫生手也。其姪孫毓桂。字馨齋。親授衣鉢。亦

《桑梓紀聞》卷一內頁

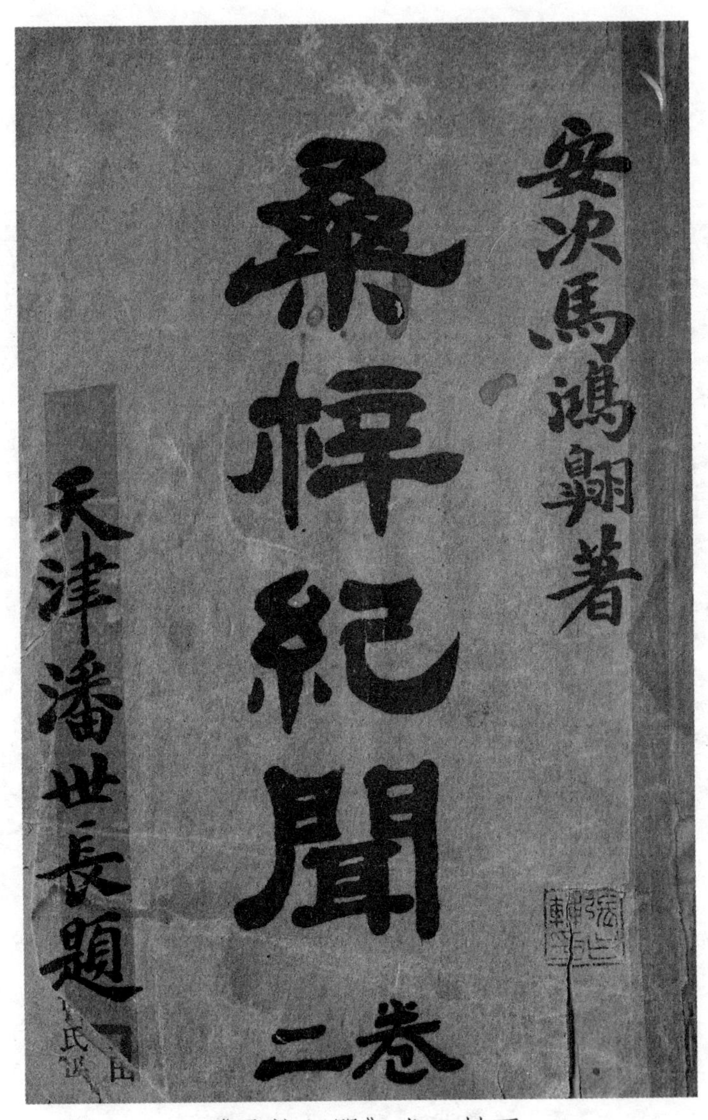

《桑梓紀聞》卷二封面

中華民國十九年十一月初版

定價大洋肆角對折

版權所有
不准翻印

編輯者　安次馬鴻翺

校閱者　天津戴蘊璋

印刷者　天津華新印刷局

發行者　安次得勝口鎮三餘堂

代售處　北平　天津　各大書坊

《桑梓紀聞》卷二版權頁

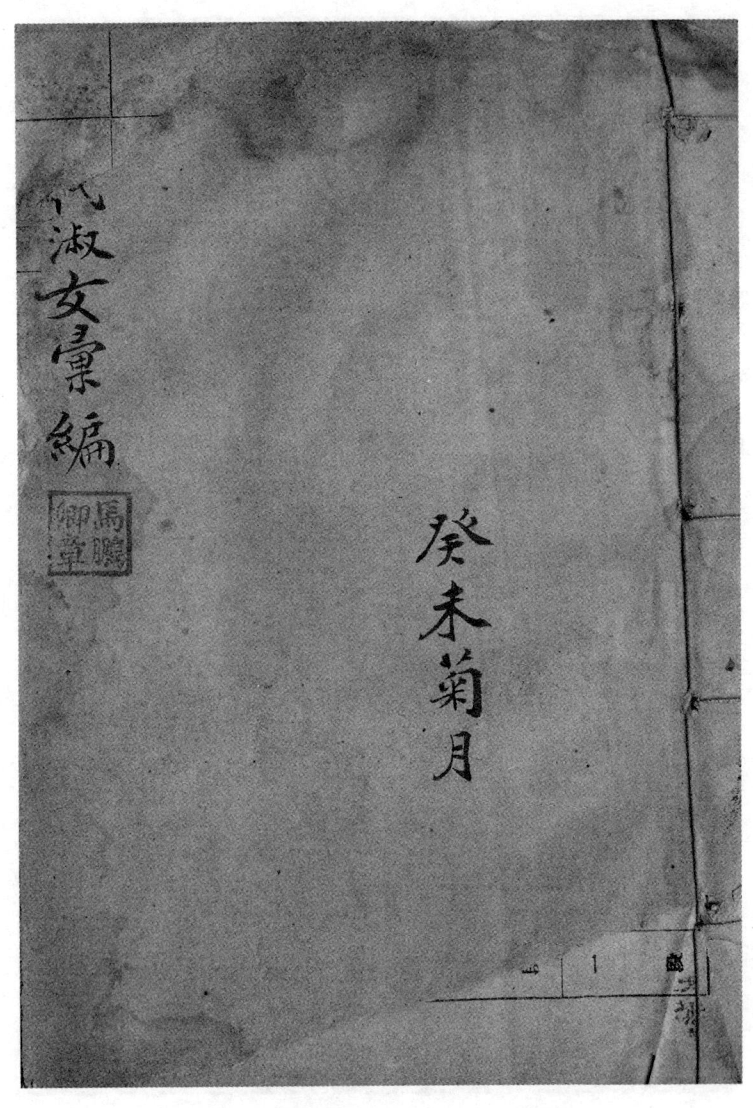

《歷代淑女彙編》手稿封面

津沽筆記史料叢刊總序

陶慕寧

三津之地，舊稱直沽。地當九河津要，路通七省舟車。其域在漢屬勃海、漁陽二郡，隋屬河間、涿郡、漁陽三郡，唐爲幽、滄二州地，宋爲清、滄二州地，元屬大都、河間二路。明建文初，燕王朱棣啓『靖難之役』，經三汊河口襲取滄州。越三載登基，遂敕名其地爲天津，喻『天子津渡』之意也。永樂初年，置天津三衛，屬河間府。清初設關，置總兵鎮守。雍正二年（一七二四），改天津衛爲州，至九年（一七三一）升府，領州一縣六。咸豐十年（一八六〇），天津開埠，漸成列强争逐貿易之洋場，今則巋然爲中國之直轄市矣。然則自建衛以迄於今，都六百餘年，考之地理河渠，其所以爲重鎮者實有二端：一則處畿輔要衝、海疆門户，此地不守，鼎湖危殆，故又稱之『津門』；二則處漕運樞紐，南接淮泗，北達通州，東吴之稻、長蘆之鹽，或經海路，或付漕舡，皆賴此地轉輸入京。元人王懋德《直沽》詩云『極目滄溟浸碧天，蓬萊樓閣遠相連。東吴轉海輸粳稻，一夕潮來集萬船』，即當日天津海漕之實録也。

金元以降，天津之隸屬、轄區屢經更易，而魚鹽之利、商賈之繁、居人之雜、風俗之盛，固未嘗大變。明正統初，始建天津衛學，其後科舉漸興，應進士之選者代不乏人。其早者，若汪來，嘉靖二十年（一五四一）進士，官至慶陽知府，撰有《北地紀》四卷；若張愚，嘉靖二十九年（一五五〇）進士，仕至右副都御史；若劉燾，嘉靖三十八年（一五五九）進士，仕至兵部右侍郎、右都御史。又，隆慶五年（一五七一）一科會試，即有劉鈺、張佑、任天祚三人登第。是知其地不獨商貿繁衍，人文亦頗有可稱者。逮清季民國，政局傾頹，西潮澒洞，外人雲集。大賈居豪，舞長袖而吸金；失意政客，憑租界以窺勢。而承學之士、詞客報人，亦矍然蔚起，斥清廷之昏瞀，揭時政之危局。天津乃漸成消息之淵藪、政治之策源矣。

今之天津爲工業重鎮，襟帶華北，遠接大洋，經濟之繁榮、民生之富庶，殆亘古所未嘗有。而未來之前景，正未可限量。然一地一城之聲譽，非盡可以經濟之榮悴衡之，天津若欲立於中國城市之林，尚需發弘卓然獨特之文化。而欲發弘文化，則需爬梳董理相關之史料，若人文之聚散、古迹之存堙，若張氏遂閑堂、查氏水西莊，若梅樹君之梅花詩社、嚴範孫之城南詩社，若天妃宫之遞嬗、稽古寺之重修、大悲院之沿革、楊柳青之題咏，進而長蘆鹽場之種賣、銀魚鐵脚之烹炒，甚乃方言之特异、風俗之淳澆，皆有待詳爲稽考揭櫫於世者，而後激濁揚清，乃可發揚之，光大之。

王振良君，籍屬長白，早年肄業於南開大學，後就職今晚報社。其爲人謙退揖讓，有古君子風；爲學則鈎沉索隱，爬羅剔抉，有東原、實齋之致，兼高郵、嘉定之勤。十數年來，篤志於天津文獻之搜集編訂，遍訪地方耆宿，覓求稀見古籍，焚膏繼晷，殫慮竭精，以搜羅地方先賢著述、發煌沽上人文風俗爲使命。其所編訂之《問津》《天津記憶》，本已頗具規模。復又推出《問津文庫》，更自琳瑯滿目。今《文庫》之《津沽筆記史料叢刊》又將付剞劂，屬余爲弁言。余何幸如之，草此數言爲振良君賀，亦爲天津歷史文化之彰宏賀。

甲午歲末於南開大學範孫樓

（陶慕寧，南開大學文學院教授、博士生導師）

增補本自序

《桑梓紀聞》已知凡兩卷兩册，卷一出版於一九二七年一月，卷二出版於一九三〇年十一月。作者馬鴻翺是今廊坊市安次區得勝口村人。他是一位學者、鄉賢和教育家。這本書屬於雜史筆記一類的著作，它記録了發生在今安次、文安、霸州、武清、雄安新區、大城等地的掌故和軼聞趣事。

二十世紀九十年代，筆者在地攤上淘得《桑梓紀聞》卷二。二〇一四年九月，應王振良先生所請，筆者對這一卷進行了整理點校。二〇一六年一月，該書作爲『問津文庫』的一種，由天津古籍出版社出版，徑名《桑梓紀聞》，未再分卷。

整理本《桑梓紀聞》卷二出版後，一度引起學界關注。讀者閲讀之後，多對未能得見卷一表示遺憾。二〇一六年九月六日，《中老年時報》的『歲月』版刊載《〈桑梓紀聞〉記鄉賢》一文，作者徐潔民先生在文末曰：『隨着《桑梓紀聞》的再版，可能還會出現「拋磚引玉」之功。期待《桑梓紀聞》卷一早日浮出水面。』這至少代表了一批讀者的期待。

有趣的是，《桑梓紀聞》卷一還真浮出了水面，而且說來也巧，這書最終還是由筆者發現的。二〇一六年七月，筆者在舊書網站上淘書，無意中搜索到《桑梓紀聞》卷一，看着既陌生而又似曾相識的這册舊書，我的眼睛忽然一下子亮起來，仔細查看，這不就是我夢寐以求的那本書嗎？踏破鐵鞋無覓處，得來全不費工夫。更讓我驚奇的是，同一家店面還有作者馬鴻翱的《歷代淑女彙編》手稿本（鈐馬鵬卿印）上架。這册手稿的出現，説明卷一很可能是作者馬鴻翱的自藏本，而且説不定裏面還藏着故事呢！

經過與賣家討價還價，《桑梓紀聞》卷一和《歷代淑女彙編》手稿本全都歸我囊中。成交之後，賣家給筆者留言『恭喜你得到全璧』，語帶狡黠而又略有幾分祝福。看來，賣家早已看出我勢在必得，所以儘管我説出千般理由，賣家仍堅持高價成交。但天知道，對於我來説，卷一和卷二能够『團聚』，纔是最重要的，而且這兩册書的價值，也是絶對不能用金錢來衡量的。

新收入兩書之後，我馬不停蹄，立即開始校點。有了整理卷二的經驗，不到三個月時間，所有工作都完成了。爲了吸取卷二整理過程中的教訓，我對卷一整理稿前後校對三遍，使錯誤降到最低。

最後也得聲明，整理文獻也是一種公益活動，它最需要的自然是整理者的知識和責任心，我可以很負責任地説，這一點我是做到了，儘管整理稿還會有錯誤。

這次《桑梓紀聞》卷一和卷二合璧出版增補本（另附《歷代淑女彙編》），得到了問津書院王振良先生的支持，在此深表謝意，并向所有爲本書出版提供幫助的人表示感謝。

侯福志　二〇一七年四月春末於沽上御河軒

馬鴻翺與《桑梓紀聞》[一]

侯福志

《桑梓紀聞》是一部筆記體著作，記録了清代、民國時期直隸一帶的舊聞瑣事，以今天津武清、西青與河北霸州、安次等地爲主。該書由直隸（今河北省）安次縣得勝口村人馬鴻翺所寫。據馬鍾琇（天津城南詩社成員，曾任孫中山的顧問）所撰跋語，馬鴻翺『博極群書，尤邃於史學，并有經世志。中歲後，值清廷變法，曾游日本，考察自治。歸國，日鑒時勢已非，遂絶意進取，戢影林下，惟以著述自娱。已脱稿者，有《中外名將傳》《古文比》《丁鶴年詩注》《蒲氏紀氏嘉言合注》《雲鶴山房詩集》，凡若干卷』。

馬鴻翺之父馬右銘係馬鍾琇宗兄，與馬鍾琇祖父蔭軒公『志同道合，莫逆於心』。馬鴻翺幼年曾隨蔭軒公讀書私塾，而馬鍾琇幼年時又跟隨馬鴻翺『讀書西園』。據此可知，馬鴻翺家與馬鍾琇家交誼深厚，淵源甚深，此即馬鍾琇跋語中所言：『兩家三世，以風雅、道義相結合。』

[一]本文係《桑梓紀聞》（天津古籍出版社二〇一六年版）整理前言。

由於同宗同族以及頗深之淵源，馬鍾琇因此對馬鴻翱了解甚深，他說：『（馬鴻翱）嘗手鈔《朱高安史傳三編》一書，蓋侍其尊人右銘先生時，病榻畔之所録也。其表彰節孝也，尤能不遺餘力。民國初元，琇重修邑志，輯《列女傳》，采用其稿甚多。大城劉芷衫先生贈其詩云：「滄桑雙泪眼，忠孝一生心。」是能道其心事者。』馬鴻翱的『忠孝一生心』，於《桑梓紀聞》亦可見一斑。

筆者收藏的《桑梓紀聞》（僅有卷二，卷一未見）出版於一九三〇年，三十二開鉛印本，收文九十一篇，計六萬餘字。綜觀此書，馬鴻翱大致從以下幾個角度來收録、撰述家鄉舊聞：

一、宣揚忠孝節烈，捍衛世道人心

《桑梓紀聞》對傳統道德觀——忠孝節烈的宣揚不遺餘力。該書收集了二十餘位節孝女性的事迹，包括孝女、孝婦、烈女等。除了節孝女子，馬鴻翱還收集了數位孝子賢孫、愛國烈士的事迹。綜觀其忠孝節烈之行爲，大致有如下幾種：

第一，割己肉以療親病。如《孝女張竹蓀傳》中記張竹蓀爲醫父病，割左臂肉和藥以進：『徐氏泣告曰：「竹蓀昨以汝疾劇，焚香籲天，割左肱肉寸許，投藥鐺，煮以飲汝。我知而視之，其裏束處，血尚涔涔未止也。」』此類割肉療病的做法，在《桑梓紀聞》所收録的孝女、孝婦中較爲普遍。如《李孝婦》：『舅疾復作，百藥無效。孝婦刲股和羹以進，疾復瘳。』

第二，守節。《蘇貞女》中記録了一位女子爲未婚夫守節的故事：『蘇貞女者……許字邑人段氏子。迎娶有日矣，夫病故，女守從一而終之義，貞節自持。民國三年十月十六日，往夫家抱栗主成禮。』未婚而守節，在《桑梓紀聞》中不是個案，如《馬貞女》中的馬氏女：『許字同邑孫家郁，未嫁而家郁歿。凶問至，毀妝哀泣不止。家人解之曰：「從一而終者，指已嫁者言之。」女曰：「不然，今已許字孫氏，夫婦名分固已定矣，烏得不爲夫守乎？」母知其志不可奪，遂輿送夫家，臨喪一痛幾絶。』

第三，身殉。《桑梓紀聞》中收録的忠孝節烈之人，或爲親身殉，或爲夫身殉，或爲國身殉。

《齊孝孫碑》記載了替祖母身殉的孝孫：『占魁乃躋塔之顛，下賈於地，身祖母身，還以委之。』《曹孝女墓碑銘》中記録了以身殉母之曹孝女的故事：『母少瘥，已而病復不起。女視斂畢，遂餌金以殉。家人覺之急救，得不死。……反殯，的孝子王繼昌的事迹：『永才舊有痰喘症。……今年六月，舊症陡作，未暇延醫，旋即病故。孝子痛不欲生，杖而後能起，以貧故，即行安葬。適值永定河南岸决口，水勢建瓴而下。臺山爲水道之所必經，一晝夜間，一片汪洋，盡成澤國。孝子見水勢之浩大也，即咄咄自語曰：「吾叔甫經棄養，即舉而委之水中，以後有何面目復見鄉人！」遂引刀自破其腹。』因叔父墳墓淹於大水而自責身殉，王繼昌得到了時人高度評價。王星球云：『胡爲乎農氓之人樸無文，身殉道義高如雲。……明知死無益於親，不欲生有愧於身。身死心安無所恨，羞殺苟且偷生人。』

爲夫殉身，是封建社會女子在丈夫去世後最爲極端的一種選擇，《桑梓紀聞》中也頗多此類記録。如《蔡觀察二姬傳》記録了兩位姬妾爲夫殉身的事情：『觀察卒後，二姬哀毁亦不大异於人，而絶粒纍日。……至是月二十二日夜分，二姬同時卒，距觀察之卒，旬日耳，年十有八。』又如《王烈婦》：『王烈婦薛氏，霸縣王家場村人，安次王家圈小學校長王福泉之繼配也。年十九歲，于歸。民國九年十月八日，夫以疾殁，含殮畢，烈婦仰藥死。』在《桑梓紀聞》收録的二十七位女子中，有十二位是爲夫殉身的，比例之大可見一斑。

爲國殉身，是最值得敬仰、尊崇的。這種行爲所體現的是封建士人家國天下的情懷，是一種强烈的愛國主義精神。《桑梓紀聞》中記録了潘宗禮爲國殉身的事迹：『烈士諱宗禮，字子寅，更號英伯，世居直隸通州。……時值直隸總督袁公命各州縣選派學紳東游，公以學董應選。……及歸，而舟泊仁川，與諸紳登岸。目擊夫朝鮮臣民受日人驅役，若奴隸牛馬然，莫不相對欷歔。登舟而後，以悲憤不聊，當食竟不能舉箸。以爲國不圖强，無以自存，獨恨吾中國四萬萬人民沈沈昏夢中而不自覺也。乃手草遺書數十條，與其友。友方棋，殊不爲意，棋竟而展閱之，則以身後事相屬之語也。遍覓舟中，不得其人，得遺一履。噫，公蓋蹈海死矣！』在仁川看到朝鮮人民被日本奴役的情形，潘宗禮聯想到彼時中國四億同胞也在飽受同樣的折磨，感到悲憤不已，恨國人之渾渾噩噩，憐家國之多灾多難，遂蹈海以赴死，以期驚醒國人，爲國家强盛而奮鬥。『人生自古誰無死，留取丹心照汗青』，潘宗禮以自己的身死成就了在桑梓的聲譽。姑且不論潘烈士之身死殉國是否能起作用，儘其爲驚醒國人、興盛家國而不惜付出生命，就足見其内心深處傳統道德觀念的力量以及他心懷家國天下的志嚮。因此，與爲親殉身的至孝之人相比，潘宗禮殉身的形式雖然一樣，但其内涵與意義不可同日而語。

馬鴻翱褒揚傳統忠孝節烈的道德觀，并大力弘揚之，有捍衛世道人心、挽頹風於亂世的用意。《李烈婦》記述了一位擁有新知識背景的女子爲夫殉身的事情：『李烈婦王氏……畢業直隸女子師範，充文安縣女學教員。……後應馮國璋總統府之聘。……年二十七，適天津李志方。……夫死，將仰藥，恐家人營救，故作從容之態。藥性發，救已無及。』王氏是一位富有知識與能力、能够自力更生的女性，但就是這樣一位擁有新知識的女子，竟也遵循傳統的道德觀，并做出爲夫殉身的抉擇。新知識與舊道德，如此統一於一個民國女子的身上，帶給世人的震撼是巨大的。在馬鴻翱看來，『歐風東漸，世道沈淪。夫死不嫁，已屬難能可貴，若非特立獨行者，何克甘死如飴，從容就義也！』對此，徐子静《挽李烈婦王女士》中也進行了揄揚：『嗚呼！自由戀愛成婚媾，新學中人偏守舊。女界如斯第一流，可謂空前而絶後。老夫何幸與同鄉，敢賦俚句爲揄揚。烈婦之風自千古，永隨山水同高長。』在《潘烈士事略》中，作者如是説：『特以感時憤事，深恐吾國民熙熙太平，沈沈酣睡，而敵已縛而殺之而不知。……是以警之無可警，待之無可待，萬不得已，乃割慈忍愛，茹恨揮泪，而出於此途。……吾知中國少年志士仁人，將奔走呼號相戒曰：「愛國！愛國！」愛國之聲，震山谷而吞河澤矣。夫而後烈士之死，可以無憾；夫而後中國之前途，可以振興。』作者大書特書潘烈士之蹈海的意義，無外乎以其精神驚醒昏聵之生民，挽救沈淪之世道。

除關注忠孝節烈之人外，馬鴻翱也同樣關注桑梓中有善行義舉之人，并對其行爲大加褒揚。

二、贊鄉人義舉，揚桑梓之美

濟貧賑災、興辦義學、保衛鄉土是有財力且有善心之人爲桑梓父老所做的莫大功德，馬鴻翱對此類事例的收集也不遺餘力。《族叔祖樸庵公事略》記述了馬鴻翱族叔祖馬棫的事迹：『族叔祖樸庵公，家素封，性忠直……凡有義舉，必爲之倡。清光緒庚子之變，聯軍屢過吾鄉，公捐巨資供應之，一鄉安堵如故。中歲習醫，有求診視者，風雨無阻，兼施藥餌，以濟貧寒。……民國十年辛酉，公倡修普濟橋，以利交通。……安武一帶，土匪四起。公募勇團練，以衛桑梓，匪不敢犯。』濟貧寒之士，護一地安寧，播福澤於鄉民，乃馬棫之於桑梓的功德。其所爲之種種義舉，得到鄉親感念，爲之建功德碑。知縣劉賡垚爲之撰寫碑文，中有句云：『惟專力醫學，以爲可以救世，鄉里求者無弗應。施藥濟衆，數十年如一日。至建橋、募勇，爲桑梓計，至深且久，其功德在人心，至今不忘也。』霸州陳聖符係馬鴻翺表伯，於桑梓貢獻亦大，馬鴻翺對其事迹也作了宣揚：『招族人之貧不能讀者，咸就學焉。賑困窮，補不足，親族之貧乏者，恒待以舉火。……歲值時疫流行，爲簡醫方，施藥以療治，全活甚衆。文邑陳震著有《筤墅説書》，多年未刊……先生慨然捐巨資并釀金付梓，兼刻陳一吾《大中口義》、陳克緒《讀易録》，嘉惠後學。同治三年，永定河堤多險，公自行捐資助修十餘里，以防水患。……六年，歲大旱，土寇犯境，自出資招募鄉勇，保護鄉鄰。又購米賑濟，一鄉皆受其賜。』賑濟貧困、救濟生民、爲人刊書、修堤募勇，件件都是極大功德的事，於桑梓鄉民是莫大的福音。

在收録善行義舉事例時，馬鴻翺不僅着眼於善之大者，而且小人物的善舉、義舉也悉數納入視野。《桑梓紀聞》中記録了衡水王鶴鳴拾金不昧的事迹：『嘗宿於天津之楊柳青鎮旅館，有不相識之三人同榻。晨起，於榻旁拾得紙幣三十五圓，以爲去者所遺，候終日，未得失主。因亟於就道營商，遂托館主人暫存，爲文招領，張貼通衢。是年，余館王慶坨，親見招領啓事，故得悉顛末。』撿得三十五圓，面額非大，能爲此三十五圓『候終日』，且貼招領啓事，似小題大做，然對於一個販筆爲業的小商販而言，能臨財毋苟得，其行難能可貴；且善行無分大小，此舉能傳其人矣。《李永昆修墓》記述了一位修理荒墓的農民：『河間李永昆，性篤厚，幼喪母。歲饑，隨其父與伯父流落吾鄉，爲人傭作，三十餘年。父與伯俱故，伯母已老，從弟游蕩，不能奉養。永昆稍有積資，常常奉以米鹽。凡鄉之孤墳，無後人祭掃者，寒食節必爲修墓，懸挂紙錢，數十年無倦色。一日，正於村西修理荒墓，有人自西來，詢其姓名，再拜稽首曰：「吾霸州臺山村韓氏子，親故，無力還鄉，葬於此地。子之高誼，没齒難忘。」言畢，涕泣而去。農家者流，有此善行，其亦難能而可貴矣。』

小商販、農民這些没有功名，家境也不殷實的小人物，其善行義舉雖微小，與賑災修橋、招募團練無法相比，但其背後所透出的人性之美，是馬鴻翺關注的重點，因此對此類小人物的善行，他也悉心加以收集，以揚桑梓之美。

三、書文壇佳話，傳桑梓文脉

《桑梓紀聞》中有部分篇幅用於記述鄉賢文人的著述、名作以及文壇軼事，藉此以揚文采風流，傳桑梓文脉。

崔述是清朝著名的辨僞學者，馬鴻翺對他的記述着墨較多，文中説：『崔武承先生述，號東壁，直隸大名人，清乾隆二十七年舉人。嘉慶元年，授羅源知縣。武弁多藉海寇邀功，誣商船爲盗，先生屢平反之。於是奸徒控其擅釋巨盗，臺使者故知先生，得免議。四年，調上杭。關税向贏數千金，先生悉解充緝盗公費。未幾，投劾歸。著書三十四種，而《考信録》一書，尤生平心力所專注。』崔述《考信録》一書，凡《考信録提要》二卷、《補上古考信録》二卷、《唐虞考信録》四卷、《夏商考信録》四卷、《豐鎬考信録》八卷、《豐鎬考信别録》三卷、《洙泗考信録》四卷、《洙泗考信餘録》三卷、《孟子事實録》二卷、《考古續説》二卷、《附録》二卷、《王政三大典考》三卷、《讀風偶識》四卷、《古文尚書辨僞》二卷、《論語餘説》一卷、《讀經餘論》二卷。在《桑梓紀聞》裏，馬鴻翱對崔述的每一種著作都作了大致的介紹，并與其他人的著作相比較，指出了崔述著作的特點、優點，以明確崔述治學的特點。有關崔述，《清史稿》列傳部分也有記録，對其治學也有點評：『其著書大旨，謂不以傳注雜於經，不以諸子百家雜於傳注。以經爲主，傳注之合於經者著之，不合者辨之，异説不經之言，則闢其謬而削之。……述之爲學，據考詳明如漢儒，而未嘗墨守舊説而不求其心之安；辨析精微如宋儒，而未嘗空談虚理而不核乎事之實。然勇於自信，任意軒輊者亦多。』對於《清史稿》所論崔述治學之積極的一面，馬鴻翱完全贊同，而對崔述治學的主觀性避而不談。其《東壁淵通》一文如此論述崔述之學術：『先生之學，考據詳明如漢儒，而未嘗墨守舊説而不求其心之安；辨析精微如宋儒，而未嘗空談虛理而不核乎事之實。山陽汪文端序稱「其書爲古今不可無之書，其功爲世儒不可及之功」，其心折如此。』馬鴻翱對崔述的治學優點大加贊揚，對其缺點避而不談，這有爲賢者諱的用意。

類似崔述這樣於學術史上極有聲望的人，是馬鴻翱關注的對象，而聲望不似崔述那般高的鄉賢文人，也同樣是《桑梓紀聞》收録的對象。如《楮葉集印譜》記述了武清趙雪蘿的事迹：『武清趙雪蘿先生野，道光中名士也。寄居津門，與崔念堂大令友善。弱冠游庠，工摹印，專摹漢銅。』趙雪蘿極有個性，高興時鎸十數方不爲煩，不高興時『雖貽以金繒，并棄其石不顧』。對於刻印，趙雪蘿有自己的理解：『漢印有格律，有神韵，今人不師古，以意就《正字通》諸書配合，縱無訛字，亦刻篆字耳，何印之足云！』趙雪蘿假草木名字，用漢官私印式，刻爲《楮葉集印譜》。另外，他還著有《天籟集》《吟扉集》《蓼蟲集》等。馬鴻翱此類文章，使鄉賢文人不湮没於時間的河流，使桑梓後人得窺前人風貌，善莫大焉。

記録鄉賢名作，是馬鴻翱傳桑梓文脉的另一種做法。《桑梓紀聞》中收録了固安楊鴻書、文安王祖績、霸州田鴻年、河間馬元熙的迴文賦。此四人迴文賦均仿嘉慶朝趙文楷之迴文賦，據馬鴻翱所言，『清嘉慶三年戊午，仁宗臨雍講學，趙介山殿撰文楷獻迴文賦。一時詞臣，未有和者。光緒二十二年丙申，湘鄉謝祐生典籍崧岱因刊補《國子監藝文志》，愛其詞之工，謄録付梓。于海帆太史齊慶見之，擬作一篇，功力悉敵，莫可軒輊。吾直諸名流亦仿行之，則有固安楊志伊茂才鴻書、霸州田壽庵明經鴻年、文安王叔雲茂才祖績、族叔師虞孝廉各賦一篇。』迴文賦是辭賦的一種形式，是賦的極致。其創作類似於迴文詩，賦文語句整體顛倒過來，形成一篇新賦。如楊鴻書《擬趙介山殿撰進册賦》開篇云：『巍巍乎舜，蕩蕩乎堯。威揚恩普，義立仁昭。徽音式兮金玉，紱冕被兮瓊瑶。輝流映日兮校庠屹屹，彩吐飛雲兮旗旆摇摇。歸来民人兮歡且舞，啓迪士庶兮咏且陶。蓋尊師而重道，建學而崇儒。門千而户萬，夏範而虞模。奔群殿兮曉侍，集衆臣兮晨趨。』此開篇至迴文時便是結尾：『趨晨兮臣衆集，侍曉兮殿群奔。模虞而範夏，萬户而千門。儒崇而學建，道重而師尊。蓋陶且咏兮庶士迪啓，舞且歡兮人民來歸。摇摇旆旗兮雲飛吐彩，屹屹庠校兮日映流輝。瑶瓊兮被冕紱，玉金兮式音徽。昭仁立義，普恩揚威。堯乎蕩蕩，舜乎巍巍。』

迴文賦對於創作者的才學要求甚高，不僅需要學識的積纍，還要有巧妙的安排，也是一種逞才使氣的做法。歷史上流傳下來的迴文賦數量有限，直隸一帶，馬鴻翱僅收録到此四人的作品，并對這四篇迴文賦給予了高度評價：『固安楊志伊茂才鴻書、霸州田壽庵明經鴻年、文安王叔雲茂才祖績、族叔師虞孝廉各賦一篇。謝君酬以文具，傳誦一時。真篇篇錦綉，字字珠璣，巧不可階，殆所謂天衣無縫者耶？』

文人之間的交往，經常成就文壇佳話。此類事例，《桑梓紀聞》中收録頗多。如《題扇詩》記述張蔭南與劉祝萱之間的一則軼事。張蔭南，文安縣勝芳人，清同光時期名士，性聰穎，工詞章，與文人大城縣的劉祝萱友善。光緒中葉，劉祝萱在勝芳鎮秀才徐子静家館教書，曾經拜訪張蔭南兩次。但張蔭南年逾六旬，疏懶性成，且視爲老友忘形，從未回拜過劉祝萱。有一次，徐子静向劉祝萱求字，劉祝萱言：『蔭南書法勝於余，盍求之？』徐子静述之於張蔭南，張當即賦詩題扇以贈祝萱，詩云：『舊雨頻年踪迹疏，茫茫烟景守蝸廬。幾番恕我嵇康懶，猶委塗鴉强作書。』張、劉二人雖係舊交，但不甚往還，而且張蔭南還有怠慢劉祝萱之嫌疑。雖如此，劉祝萱并未詆毀張蔭南，反而對其長處優點贊賞有加。面對劉祝萱的豁達大度以及對自己的知己之誼，張蔭南詩中充滿感激與感動。二人之間的相互欣賞，儼然是一段文壇佳話。

題贈之作，是考察文人交往的重要資料。馬鴻翱爲後人收録了衆多此類作品。例如，馬鴻翱族叔曾祖菊香公擅畫人物，『嘗仿陳老蓮筆意，作《虬髯公望氣圖》，有昂頭天外之致，一時同人題咏甚夥』。永清縣王旭莊孝廉昕題一絶：『胸懷儘可據神州，逐鹿河干并駕游。别向扶餘開世界，英雄到底不低頭。』族叔祖虚舟公亦題一絶：『兩次因緣接异人，英姿颯爽邁群倫。天心八九歸唐室，雙騎蕭蕭已絶塵。』

再如，天津文人名士（多爲天津城南詩社、崇化學會成員）爲教育家馬驤（馬鍾琇之父）撰寫了挽詩和挽聯。王守恂（仁安）挽詩云：『坡穎交游久，傷心哭老泉。風來殘雪地，雲暗早春天。德業尊先澤，才名付後賢。愧無高密學，絳帳得薪傳。』趙元禮（幼梅）挽聯云：『衝寒游子遠歸來，方喜趨庭，遽悲陟岵；習静蕭齋觀自在，一編雅集，千古傳人。』高凌雯（彤皆）挽聯云：『停杯病酒，尚享高年，想見是翁真矍鑠；築館藏書，盡遺後嗣，合稱今日小玲瓏。』李金藻（琴湘）挽聯云：『輿誦廿餘村，衆人有母；楹書十萬卷，令子克家。』馮文洵（問田）挽聯云：『無廊廟氣，無山林氣，允推當代名儒，教子有義方，萬架縹緗世澤；是文學家，是慈善家，大庇一方寒士，老成遽凋謝，滿城桃李泣春風。』陳寶泉（筱莊）挽聯云：『棄儒生業數十年，留有精神宏教澤；頌佛佗名千萬遍，定歸極樂放蓮華。』

由這些挽詩、挽聯，可知馬鍾琇之父馬驤身爲教育家，之於桑梓教育的貢獻，亦可知城南詩社、崇化學會成員的交游情況，對於研究馬氏家族、天津城南詩社、崇化學會，具有重要的文獻價值。

綜上所述，宣揚忠孝節烈、贊美鄉人義舉、記録文壇風流，是馬鴻翱編撰《桑梓紀聞》最重要的三個角度，并以此來捍衛世道人心，宣揚桑梓之美，傳承桑梓文脉。對於馬鴻翱的出發點，本無可厚非，不過需要説明的是，馬鴻翱在宣揚忠孝節烈方面不遺餘力，甚至收録了具有誇張描寫的文章。如《劉孝婦蔡氏傳》：『孝婦蔡氏，文安勝芳鎮人。其夫同里劉某，爲人販生魚鬻於都市，終歲在途。子三人，俱幼。姑某氏，耄而多疾。孝婦業織席，姑賴以養。……光緒庚寅某月日夜，鄰有回禄之變，瞬息間連延數十家。蓋家家織席，院多積葦，故灼而易熾。維時里人畢集，聞老幼呼號聲甚慘，僉謀拯救，而風狂焰烈，不可嚮邇，徒却立相視而莫可如何。突有衝烟焰而疾馳者，衆目之，乃孝婦負姑出也。至廣衢始釋之，兩手及肱反嚮處幾焦，猶慰姑驚恐，從容扶掖而去，而幼子燼矣。』蔡氏爲救婆婆而不管三個幼子，姑且不論她當時是否來得及搶救幼子，儘其救出婆婆之後的反應，就足見記録者的誇張：『兩手及肱反嚮處幾焦，猶慰姑驚恐，從容扶掖而去，而幼子燼矣。』

對於三個幼子被燒成灰燼，蔡氏竟無半點傷心，還不斷安慰受驚的婆婆，甚至從容離去。此種反應，實乃有違常理，有悖人性，甚至近乎虛假。

對於《桑梓紀聞》中的描述，對於其所宣揚的價值觀念，今人都應作辯證的審視。不過，無論其描述是否有誇張的成分，無論其宣揚的價值觀念如何，都無損其在保存鄉邦文獻方面的價值與意義，這是值得大書特書的。

本書整理過程中得到了《今晚報》副刊部主任王振良、天津社會科學院副研究員孫愛霞博士及其他專家學者的幫助，借此機會一并表示感謝！

侯福志　二〇一四年九月十八日於沽上御河軒

整理説明

（一）爲方便閲讀，將目録與正文標題不一致的問題，做了統一的調整。

（二）原書有很多印刷錯誤，如『宇宙』印成『宇寅』，『未』印成『末』等，整理者將直接進行修改，不再出注。

（三）原文中存在脱字的情況，如『光緒三十年』誤作『光緒三年』等，整理者均酌情處理。

（四）原文中存在大量古字、俗字，并有一段文字中混用的情況，如『媍』『婦』混用。此次整理，均做了統一規範。

目録

桑梓紀聞卷一

桑梓紀聞卷二

歷代淑女彙編

桑梓紀聞卷一

自序

直隸爲首善之區，漢魏以來代有偉人，讀史者知之熟矣。明清兩朝，人才輩出，名儒、循吏、詞客、騷人，以至一書一畫，多可傳者。時代較近，父老猶能道之。鄙人少壯不學，老大無成，甲子之春，教讀於益津杜氏，課餘多暇，因就桑梓中有關風化、有裨勸懲之事，或鈔録載籍，或記述傳聞，日久積成一帙，名曰《桑梓紀聞》，聊作茶餘閑話，如謂用以傳世，則吾豈敢！乙丑冬月，安次馬鴻翱鵬卿氏序於隱庵。

善人厚報

安州陳半千先生洮，善士也。順治庚子舉於鄉，從孫夏峰先生講學河漳。家僅中資，雅好施與。明末盜起，流離相屬於道，收養難婦百餘人於州城朝陽觀，問其里居姓氏，送之歸。又遍收途次棄兒，令家人飼養，全活甚衆。避賊完縣，趙受繩憐其貧，饋以金，不受。友人某嘗假舍於先生，輒私鬻之而取其值。先生不問，曰朋友之義固然。此戔戔者何較焉！游大名，有史姓者，以事繫官，先生察其無辜，言於太守，得解。後一日，史姓携其女至，願爲先生妾，先生正色辭之。讀書樂善，老而不倦，年七十五，卒於家。子鶴齡，字鳴九，康熙甲子舉人。孫德榮，字廷彦，康熙五十一年進士，官至江南布政使；德華，雍正二年狀元，官禮部尚書；德正，雍正八年進士，官陝西按察使。曾孫策，乾隆丙辰進士，筠、筌，皆舉人，人以爲盛德之報云。

後韓昌黎

昌黎韓南溪先生超，才兼文武，咸同中偉人也。與胡文忠公林翼相知最深。以道光甲午副貢就職州別駕，分發貴州。咸豐中，貴州苗匪蠢動，先生投效軍營，屢立戰功，時稱韓家軍。以功纍升貴州布政使。同治元年，署貴州巡撫，黔人仿宋《宣和遺事》，著爲書，以紀戰績。後以病免，家居閉户自修，不再出山。光緒四年，卒於家，年七十有九。謚果靖，世推爲後韓昌黎云。

萬硯樓

霸州邊謝園太守寶樹，道光丙戌進士，博雅能詩，好硯成癖，著有《燒猪集詩稿》。藏書三萬卷，購端硯許多，築小樓貯之，號萬硯樓。以御史出守衢州，逾年解職卒。身後蕭條，有伯道之感，故詩稿散佚。聞其自述一聯云：『愛書珍似連城璧；惜硯多於負郭田。』其風雅可想見矣。

王剛節公生日詩

寧河王剛節公錫朋，少雄武，有俠氣，以武舉補兵部差官，援例得固原城守游擊，屢立戰功，升壽春鎮總兵。道光二十一年，英吉利陷定海，去之。八月英軍再至，公守九安門，鄭國鴻駐竹山門，葛雲飛駐曉峰嶺，相去十餘里。敵先犯九安門，戰不利，退攻竹山、曉峰。公馳救，兩營已先敗。公力戰，衆且盡，敵軍至益衆。公揮短兵，殺數十人，陷陣死。是役也，敵軍三萬，我兵僅五千。請益兵，大府不應，三總兵皆坐是死。公殺敵獨多，死尤烈。事聞，以提督禮賜謚剛節，恤建專祠。孫師鄭主政輯《名人生日表》，知公生於乾隆乙巳九月十五日。其曾孫酌筌大令賦五言古詩三十六韵，詩曰：

請芬誦先人，數典敢忘祖。衰門有孑遺，歲暮懷先緒。伊昔宣宗朝，剛節建旗鼓。奮鬥殊可嘉，煌煌荷天語。湖北猺匪肅清，朱批王某奮勇可嘉。海疆初告警，奉命整師旅。先聲早奪人，禮義皆干櫓。公所部壽春鎮兵訓練最精，大吏奏調援浙摺内有『王某先聲奪人』之語。再舉守舟山，兩浙實門户。三鎮相犄角，同心禦其侮。葛、鄭同殉難。兵械恐非敵，上書請大府。嚴詞來譴責，鼓瑟乃膠柱。時以洋人船堅炮利，請毀寺鐘鑄炮，并請濟師。經略裕謙批云故意張大其詞，爲异日論功地耶？弗許，卒以無炮敗。苦戰六晝夜，援師曾未睹。天柱自此傾，鍊石疇能補。迄今八十秋，鑄錯何堪數。四裔撤藩籬，九州無樂土。外侮未瓜分，中原已豆剖。海上多遺老，故都痛離黍。周道鞠茂草，堯階侈蓮莆。桂高不可攀，蕨甘柔則茹。尚乞勾漏令，聊寄伯通廡。差免甑塵生，遑問監車苦。石城初税駕，入幕知孫楚。杜句。憶釋春明褐，同隸天官部。滄桑今幾變，南雁皆愁侶。十載隱若見，兩情吾與汝。下吏走踆踆，碩人獨俣俣。廨舍雪初晴，樹鵲噪亭午。郵筒發新詩，風雅兼今古。陶潛群輔録，賈執英賢譜。天命始降衷，吉日生申甫。網羅足文獻，次第按時序。別體列叢書，軼事登雜俎。乾隆歲乙巳，季秋月三五。家乘或有間，斯編乃枚舉。曾孫如在疚，所愧繩祖武。借問此何時，當道多豺虎。茫茫百感生，掩卷泪如雨。

再賺蘭亭

静海薛竹溪茂才宗濂，性敏捷，多材藝，與其弟魯川孝廉宗沂，文名噪一時，邑人有大小薛之稱。魯川能文，竹溪工書，尤善臨摹法帖，能作僞亂真。嘗蓄裝潢匠一人，凡有贋鼎，爲之加意裝飾。有富翁某，方以多金購書畫，竹溪僞製『蘭亭』一帖，值崇厚以伊犁交涉下獄，竹溪喜甚，以其隙之可乘也。遂於京師骨董肆中，擇一善辯者，許以獲利均分，携僞帖而往，紿某曰：『聞公精於鑒别，此宋半閑堂賈氏本也，「會」字全泐可證。麟見亭河帥，昔以數百金購之，今其子崇厚罪重彌天，將籍其家，故不惜遍賣藏珍，用以贖罪。何幸睹此秘寶也！』某嘗閲《鴻雪因緣》，深信不疑，問其價，故以五百金昂其值，某竟與以百五十金之數。余曰：『蕭翼賺「蘭亭」後，又有此舉，可謂再賺「蘭亭」矣。』

畿輔四名士小傳

同治中興，人文蔚起，應試文字有承平雅頌之聲，即一書一畫，多可傳者。畿輔首善之區，尤多藝林佳話，昔人嘗有一聯云：『西樓文章東峰畫；午橋書法子年詩。』久已傳誦一時矣。余因作《四名士小傳》：

劉仲篪，號西樓，静海縣人，敏而好學，淹通經史，工制義。咸豐乙卯科，試前，夢一人頭角峥嶸，手持一紙，上書『不以禮節之，亦不可行也』二句，并以大

『子已得驪珠，必中無疑。』入場，首題我對曰『無違』，是科以額滿見抑，以爲夢幻無憑矣。辛酉科試，取優等，登拔萃科，督學使者奇其試卷曰：『劉生文爲津郡闔屬之冠，俊才也。』秋闈試題，適合前夢，喜甚，三藝一揮而就，中式第十五名。同治癸亥會試，成進士，榜下即用知縣，分發湖北，卒於官。

任海瀛，字東峰，大城名諸生也。學問淹雅，善丹青，山水學大米，尤工墨牡丹。余家有富貴圖十二幅，天機橫溢，神采飛舞，真寫生手也。其侄孫毓桂，字馨齋，親授衣鉢，亦工繪事，然不輕以許人，與余爲莫逆交。嘗爲作《墨牡丹》一幀，與十二幅并懸一室，幾不可辨，家學淵源，信哉！

紀昶，字午橋，一字悟樵，文安人，道光己酉拔貢生，博學工書，深得《蘭亭》三昧。官江西新淦縣知縣，公餘之暇，喜作草書，時人得其寸楮，珍如拱璧。性廉介，仕贛數載，兩袖清風，人到於今稱之。

劉蔭椿，字子年，西樓從弟也。天資超卓，淹雅能詩，夙好詼諧，猖狂跅弛，於人無所不侮，自言前身是西湖靈隱寺擔糞僧，同治癸酉科拔貢。光緒丙子鄉試，詩題《秋風起兮白雲飛》，起句云『白戰秋圍裏，風雲遇合奇』，試官大奇之，遂中式。己丑科，捷南宫，官錦州、順德等府教授。中夜失火，幾焚死，作《回禄餘生吟》四首，刊板索和。積詩高至尺許，以大城縣劉子山師之作壓卷。余猶記前二首云：『赤熛奮怒燎狂生，滿屋煌煌似火城。虎口險於邊大綬，鴻才幾喪鄭通誠。漫誇金榜三春貴，却怕青藜一夜明。劫外餘齡真可賀，笑看花影過棋枰。』『前生湖上奉金仙，今世才華太炫然。佛火焚身原夙習，龍雷破壁有奇緣。酒狂難入清凉界，醉衲偏逢熱惱天。幸爲荼毗神所祐，壽逾寶掌一千年。』戊申，貧病而殁，悲夫！

鐵公有後

馬允剛，字見一，號雨峰，開州人，明鐵忠烈公鉉之後裔。乾隆戊申，登賢書，官安徽池州府知府。劉大觀有《書馬雨峰大令略陽沔縣禦寇事》，録之如下：

明鐵忠烈公，死建文難。有經歷宋某，負義，挾忠烈二子逃開州，長匿李氏，次匿馬氏，遂從其姓。雨峰氏馬，蓋忠烈次子後也，以孝廉宰秦中。嘉慶戊午七月，奉撫軍檄，轉餉甘肅，協川軍麥十萬石赴略陽濟軍食。運至，賊高三、馬五餘黨有先聲寇略陽，鄉民恐陷賊，偕衰稚避難。城中武弁，閉城不納。雨峰曰：『城以衛民，不納，民奚往？』出城督民囊麥入城，須臾麥盡，賊已半渡嘉陵江矣。賊攻城，城門朽敝，雨峰以麥囊堵城，恃以無恐。三日，大兵至，賊解圍去。己未八月，任沔縣，賊勢方張，戕掠無算。牒鄉父老，築堡四十餘處，賊技窮，秋毫不能掠取。時群以築堡爲迂怪，未幾，朝廷有堅壁清野之命，大吏檄州邑築堡，同僚始服其先見。方賊圍沔，請發鉛丸火藥以爲備，軍門靳之。雨峰以火藥一囊分十餘囊，多製竹籠，籠標一旗，曰『軍需火藥』，其可須臾運畢者，乃令民間纍日運之，賊聞有備而去。

隱庵居士曰：『開城納難民，仁也。分囊運子藥，智也。仁且智矣，非所謂循吏者乎？嗚乎！四百餘年，明社久墟，而鐵公之後，又有循吏，人謂天道無知，吾不信也。』

二 劉競爽

永清劉石僑刺史伯塤，與其弟癡雲處士仲篪，均有詩名。刺史少年科第，博學多才，師事湯海秋先生。惜莅隰州任未久，卒於官，未竟其用，良可惜也。處士性孝友，少棄舉子業，盡力於詩古文辭，親喪廬墓三載，宗族稱孝，鄉黨稱悌。兄弟競爽，視彭城三筆六時，有過之無不及焉。孫雲孫茂才，亦工詩，著有《夢瀾室詩存》。

晴溪善書

宛平張模，字元禮，號晴溪，以名進士官吏部稽勛司郎中。博雅工書，與翁覃溪宫詹爲莫逆交。晚年主講天津問津書院，教士讀書，務爲根柢之學。生平精鑒古，商周彝器，偏旁款識，均能辨晰。書法南宫，嘗摹刻《貫經堂米帖》行世，亦《來禽》《戲鴻》之亞也。

津門二喬

天津喬五橋耿甫，性疏狂，善書，能以綿濡墨，作擘窠大字，人以爲奇。其弟樹勛，工詩，有《六橋詩鈔》，津門人因有『二喬』之稱。

兕觥歸趙

翁覃溪宫詹，以書名海内，有清一代，吾直巨擘也。而詩名爲書名所掩，然其歌行，古音古節，世之盡力於詩者，或不能及。乾隆中，有《兕觥歸趙歌》，其事其詩，藝林傳爲美談。《隨園詩話》僅載四聯，昨閲《復初齋集》，得窺全豹，因附録於此：

明萬曆五年，常熟趙文毅公用賢劾張江陵居正，廷杖謫戍，其友庶子官名許國，銘兕觥爲贈，蓋取神羊一角觸邪之義。後流傳，數易其主，五世孫玉槐，探知在山左顔衡齋家，乃製玉觥銀船，托宫詹作詩易之，竟得返璧，一時題咏如雲：

兕觥傳來二百年，黄端伯陳潛夫章後今歸顔。朱檢討詩未銘櫝，而我一再詩文編。予曩爲此觥作歌并考辨。此齋此觥緣不淺，摹册成圖褾成卷。觥居東魯定我懷，卷到西江欣客展。客爲誰乎可共論，文毅五世之賢孫。是夕挑燈墮雙泪，天風激蕩江怒奔。趙叟雙瞳爛如電，見此兼旬廢眠飯。湖湘三月寄書來，不辭千里陳初願。報書爲我析其由，百斛明珠那惜酬。衹緣陋巷珍高誼，代友論心直到秋。秋來訪我廬山麓，青眼相看真面目。地從江介指齊魯，天教舊物歸嘗熟。地志古作嘗熟。顔公心事惟我如，整理者按：如，似爲『知』之誤。顔公嗜好乃獨奇。世間無物此觥配，壓囊衹要覃溪詩。君往叩門再拜説，淡交千古盟冰雪。月暈光仍舊酒痕，血誠氣可穿山裂。顔公奉觥向君笑，趙叟傾心誓相報。觥喜多年逢故人，叟泣還鄉告家廟。向來藏虹事偶然，今日還觥事更傳。譜出兕觥新樂府，壓倒米家虹月船。

鳳硯還陳

一物一器，失而復得者，莫不喜出望外，有之恒情也，矧其爲藝林妙品乎！河間紀文達公《閱微草堂筆記》載其戚陳來章先生得一古硯，上刻雲中儀鳳形，梁瑶峰相國爲之銘曰：『其鳴將將，乘雲翺翔。有嬀之祥，其鳴歸昌。雲行四方，以發德光。』一時乾隆三十八年癸巳閏三月也。至庚子爲人盜去。丁未，先生仲子聞之，多方購得。癸丑六月，復乞余爲銘，銘曰：『失而復得，如寶玉大弓。孰使之然，故物適逢。譬威鳳之翀雲，翩没影於遥空。及其歸也，必仍止於梧桐。』事頗風雅，可與兕觥歸趙大然巧對。

孝子

天津吴召棠先生家齊，孝子也，原籍江蘇。其父某君，於同治初從征洪楊，不克如志，寄居津門，民國二年卒。臨終遺囑孝子，權厝於津，將來必歸骨故里。孝子以治命不敢違，然遠隔數千里，舟車所達，又恐顛頓遺骸，深以爲慮。三年十二月，因公赴蘇，考察學務，道經里門，負土歸津，安葬新塋，其用心良苦，亦可謂孝矣。戴甥玉山爲余盛稱其人，余爲賦七古一章，命男述周爲文以紀之，并録於此：

仲春游析津，驅車遵大路。路旁新冢一何高，土人云是吴家墓。吴公季札之子孫，洪楊之役來津門。往年怛化將屬纊，故鄉歸骨留遺言。吴公故里吴中住，生得佳兒心孺慕。本來治命弗敢違，千山萬水難飛渡。遥遥薊北隔江南，遺骸顛頓何以堪。一日九迴腸欲斷，憂心輾轉真如惔。孝可格天天所眷，一旦天公假之便。勾當公事渡江來，一盂麥飯墳頭奠。恪遵親命且從權，哭祭新阡等舊阡。上冢重添一抔土，孝思直達九重泉。嗚呼！津郡移來吴郡土，孝能錫類前無古。我作好歌示津沽，勸善尊親非小補。

吴孝子葬親記

人子之盡孝，亦行其心之所安而已。遵親命謂之孝，然有時人事錯迕，不得不從權以遵親命者，如天津西方庵小学校長吴君召棠是也。君籍隸江蘇，其父某君，於同治初從征洪楊，不克如志，寄居津門，民國二年以疾卒。臨終囑其子若孫，權厝於津，將來必歸骨故里。吴君泣而從命，既而思之，由津門抵江蘇，路程數千里，設扶柩以往，山河之險阻，舟車之震撼，爲骸骨所必經，既無策以妥先靈，又不敢違親治命，泣血椎心，不知若何輾轉也。然人子既竭其心，天必曲全其孝。民國三年十二月，因公赴蘇，道經里門，致祭先塋畢，負其墓門之土以歸，奉安窀穸。嗚呼！可謂孝矣。周三尺微命，於忠孝大節原不敢贊一辭，今春周表兄戴君玉山來書揄揚其人，以爲事親者勸，乃揚言曰：『吴君以孝子爲校長，吾知其一堂弟子，親炙有年，他日必盡爲孝子，教育所關大矣哉。』若吴君者，洵足爲人師表矣。昔孟東野寸草春暉之咏，浹洽乎人心，兹更以一撮土之多，慰九原之望，古今人何劇不相及耶？乃載拜而爲之記。

陳孝子尚友，字慕齋，天性至孝，篤厚過人。少讀其伯父《蘭雪齋文集》，有

『不悌即是不孝』語，不覺抃舞而告人曰：『孟子惟能言先聖所未言，故爲大賢。此言亦先儒所未發者。善言德行，非此之謂乎？』論者謂非言感人，亦其至性與言適相洽耳。母病篤，家人皇皇，孝子謂無害。醫曰：『脾將敗矣，法不治。糞甘即其證也。』孝子惨然，默而去，然母病竟大愈，人皆譏醫之妄，而不知孝子嘗糞果甘，遂割肱以進也。年三十六，以毁卒。

高孝子廣學，字博文，武清人。父世桐，太學生，生丈夫子六人，君其次也。聰敏絶倫，年甫十一齡，能誦『六經』及宋五子《近思録》，鄉里詫爲神童。母殁，哀毁如成人。稍長事父，先意承志，底豫無形。光緒甲申，與余同游頖水，遂訂交焉。其學一以宋儒爲宗，讀《伊洛淵源録》，終日不釋卷。爲文好高古，嘗手鈔陳龍川《文文山集》，注陳寶田《孝史》。或以時尚科舉，宜攻帖括規之，夷然不屑也。己丑秋闈，父忽中風痿痹，家人馳至都，告以故，乃星夜歸里延醫，躬侍湯藥，衣不解帶，便溺之器，皆親滌之。庚寅三月，父病篤，孝子焚香籲天，請以身代，而病卒不起。哀號躃踊，不納勺飲者三日。人勸以節哀順變，孝子曰：『吾不能延親之命，何以生爲？』居喪一本古禮，日食一溢米，杖而後能起。期年，營葬有期。余適于役，過而吊焉，留宿夜談，具述其生平往事，余壹怪之。後聞葬其親畢，遂以毁瘠死。其妻同邑孫氏，親視含斂，卜定窆期，乃從容謂家人曰：『夫能殉父，婦可不殉夫乎哉？吾將追隨地下，請從此辭。』語畢而僵，蓋已飲藥多時矣。壬辰，詔旌烈婦門，夫以無嗣，格於例，不得旌。嗚呼，孝子豈未讀《孝經》『毁不滅性』之訓乎！吾知其父在九泉，憫其愚孝，而不欲其一瞑不視也，悲夫。

蠡縣俠義

清初入關，諸親貴得於畿輔五百里内跑馬占圈，以酬佐命之功績，黎民苦之。蠡縣龐各莊有嫠婦，貧且老，挈一稚孫以居。一日其宅被圈去，迫令即日移出，婦惶急無措，抱其孫倚門哭，鄉人聞而哀之，然皆無可如何。有邊大有者，慷慨好義，里中少年慫恿之，使出爲理論其事。大有慨然往，不得請，且受侮而歸。怒甚，徑返其室，取一短刀出，其妻問之不答。時來此跑馬占圈者五騎，大有持刀至，悉殲之。衆大驚，勸其逸。大有呼曰：『邊某豈畏死者，若逃去，必累此孤寡，則哀之者適以害之矣。丈夫有罪不逃刑，死何足惜！』卒自首，論死。時皆稱其俠義焉。

寄傲軒詩

余表弟曹藹臣大令彬孫，烈士也，光緒癸巳舉於鄉，官四川奉節縣知縣，廉明有惠政。宣統辛亥，革命軍起，守城殉難。著有《寄傲軒詩草》，猝遭兵燹，詩稿散佚，余猶記其《赴蜀將行留贈內子》一絶云：『結髮夫妻義命安，廿年藜藿與同餐。事親教子惟卿責，莫慮西行蜀道難。』情致纏綿，殊可誦也。

綦烈女

宣化綦烈女，孽出也。母見逐於嫡，并將鬻女，季父佩蘭，憐而鞠育之，許字孫氏，未嫁而夫卒。訃至，佩蘭匿不以聞，將爲别字也。女與婢媪修織紝，嫡母至，詈之曰：『賤婢剋殺丈夫矣。』女聞之，色遽變，詢婢媪，得其情。托以疾，入静室吞阿芙蓉自盡。佩蘭痛之曰：『吾女蓋死義也。』孫氏知之，迎其柩合葬焉。余因賦《烈女行》，以勵女學，時宣統元年夏日也。

北方有苦竹，干霄生勁節。女子能將未嫁身，殉夫地下全貞烈。綦氏有女賢且淑，母以小星遭棄擲。家庭幸有季父憐，道韞旋依謝安石。江左孫郎托蹇修，鸞皇可許鳳來求。御輪指日將迎迓，夫婿游仙白玉樓。叔兮聞訃偏隱匿，無端横逆來相逼。嫡母申申忽詈予，遍詢婢媪情難默。托以腹疾偃在床，傷心一日九迴腸。可憐仰藥甘如薺，節烈昭回日月光。嗚呼文人動輒談伦理，求全不樂成人美。孤竹夷齊未仕商，首陽一餓真同軌。畿輔山川毓秀靈，閨中奇女樹儀型。自由末俗欣堪挽，從一而終古有經。

折獄 四

文安陳文度先生鳳友，蘭雪學士之仲子也，雍正二年進士。宰豫之南陽時，野有眢井，春蠅争集，先生過使探之，有死者裸，鎮以砧。出之，則面毁，近村人莫識也。縣治去井十餘里，有村婦失砧夜詈，召視，是其砧。先生問村誰亡，曰：『某去冬以兄嫂徙，然後失砧。』先生曰：『然。此必某與嫂謀害其兄，毁其面，故鎮，向竊砧以惑衆也。』嚴限緝之，曰：『計今必已爲夫婦。』已獲之，果然。又嘗遣役夜行，役獲盗，受十金，縱之。先生偵得其實，明日役至，先生叱曰：『昨某盗所賄安在？』役驚，遽出金具服，由是民畏之如神。六年，擢兵部主事，丁父母憂，服闋，歷官刑部郎中，出知廣東韶州府，治行爲粤東第一。先是廣州增城民謀逆覺，官捕鞫之，詞連數郡，惟無韶民，韶人士喜其民之義也。諢曰：『吾韶六邑，户百萬，無一人從逆者，雖懷刑有自，非民之知方其能乎？』後舉卓异入都，以病免。

河間李竹溪先生棠，乾隆七年進士，官如皋、元和、豐縣、句容、上元、天長、合肥等七縣，所至有循聲。如皋陳某，販紅草不歸，其兄過張氏池塘，得其尸，遂控塘主謀害。塘鄰姚德，助其詞甚力。先生厲聲曰：『殺陳某者汝也，不必妄引他人。』姚色變，脅以刑。乃云素善陳某，知其身有鬻女金，故乘醉而夜擠於塘。人問何以知之，先生曰：『姚有佯哀詐泣之狀，故疑之，而以恫喝得之也。』句容賊王二，供與孔姓同竊，先生不訊孔而專訊王，乃惡丐某挾仇所教也。人問何以知，曰：『凡盜賊引人，往往不實。我先根究原犯，使真情得，而後再訊所引之人，則思過半矣。原犯盜也，刑之非過。倘無辜之民，雖誤批其頰，於心不安，而况加刑乎？官不可爲賊所用也。』薦卓异，入都，遷大理寺評事，授廣東惠州府知府，罷官歸，卒於家。

文安王蔭桐先生秋元，嘉慶戊辰舉人，署山東平陰汶上縣，補高密縣，調清平縣知縣。以廉明稱，尤長於聽訟。初在省讞局，有某縣民某，與其侄女奸，謀殺其婿，移尸於野，若路死者。因爲侄女抱告，縣中緝賊未得，案懸纍年。迭至省控，廉使屬先生研鞫，先生閱案牘數日，即於臬署公堂設高座，夜半提抱告某至，詳訊案情。已而，卒然曰：『爾何帶閑人來？』某惶顧俯首無詞。又問曰：『爾身後何人？』某曰：『侄婿冤魂也。』誘令盡言，某直供無隱，并言在某所，爲其妻瞥見。傳訊其妻，與侄女供詞悉符，案遂定。廉使以案情曖昧，一訊即服，因問先生曰：『果見冤魂乎？』曰：『未也。但閱卷内，據旅店報稱某來省催案，在店無故自縊者兩次，此必有隱情。設詞以詰之，彼心怯，或實有所見，遂盡情傾吐耳。』人皆驚爲神异，由是以折獄名。

族叔耀鄰公，以茂才投筆從戎。民國十年充陸軍第六師軍需官，以功保縣知事。十二年，署理江蘇睢寧縣，謝絶苞苴，庭無冤獄。冬月，野有尸，割面皮抉眼，人無從識之也。公令觀者辨其衣服，有張某識爲其子，泣曰：『褲襦皆吾子婦手製也。』呼其媳至，視之果然。公問曰：『必有仇家？』張對曰：『吾子良民，無仇也。』問彼時或懷有財物，曰：『吾家故貧無財也。』訊之半日，莫得其情，姑存疑案。懸之多日，傳張某問曰：『汝有親族乎？』曰：『有同宗數家。』問：『平日皆輯睦乎？』曰：『均無嫌隙。』問：『皆善良乎？』曰：『有堂侄朝貞，通於其族嫂某氏。吾子規以婉言，弗聽，而兩人感情如故也。』公曰：『得之矣。』立傳朝貞至，恫喝之，朝貞曰：『奸情則有之，害命則絶無其事。』公下視其褲，短僅至骭，紫紺色。公曰：『褲不適體，且係婦人服色，必非汝物。』逼令脱去，檢視之。内有血迹，嚴訊之。朝貞曰：『此吾母子易服，無足怪也。』公以爲必有隱情，密令役至其家，紿其母曰：『汝子已將人命承招，汝子之褲，汝現着之。』其母聞言，直認不諱，即脱其褲付役，反而視之，血染殆將半矣。脅以刑，遂伏其罪。案定，邑人皆稱頌之。十四年三月，辭職歸。睢人曰：『循吏也。吾邑數十年來所未有！』爲建馬公亭，勒去思碑。嗚呼，爲民父命，庶無愧乎！

蝶階外史

遷安高寄泉先生繼珩，嘉慶二十三年舉人，博通經史，嘗襄校《畿輔詩傳》。由教諭任廣東茂場鹽大使，設策禦海寇甚備，積勞乞休。著有《蝶階外史》行世。

艷雪樓

佟鋐，字蔗村，號空谷山人，宛平籍，僑居天津。性耽吟詠，築樓御河之北。妾趙氏，字艷雪，亦工詩，因以名其樓，誠騷人韵事也。至今遺迹蕩然無存，人猶呼爲佟家樓云。

殉葬古器

京西大招山麓爲農商部林業試驗分場，自民國二年設官於兹，司護林育苗之事。三年以來，栽培達百萬餘株，纖條罨雲，蒼翠滿目。昔時之童山濯濯，固已蔚然改觀。徒以山徑崎嶇，不便巡視，乃謀治康莊，鳩工築道，欹者平之，隘者廣之。五年九月十八日，林場工役方從事鍬鋤，瞥見道旁豁然有洞穴，廣輪掩坎，其高可隱。中儲古棺，黝黑不可逼視。諦審之，則有碗皿之屬，雜置磚石之間。工役舉以白場中有司，識爲古代遺物，督役檢視，得金銀、陶土、玉石之器凡百數十件，殘損剥落，完整者僅十之二三。金銀諸物，亦皆銹蝕斑斕，饒有古致。中有方形銀盤，周約四寸，鐫明宣德御製詞及年號，刻畫工緻，書法秀逸，茲録其詞如左：

御製花朝詞 千秋歲

融融淑景。雨止風初定。晴日麗，芳塵静。紅妝花正發，翠黛山相映。草色迷幽徑。燕子飛來，并宜玩賞尋佳勝。瑶琴弦古調。彩筆題清興。林亭外，夕陽西去移花影。宣德七年六月初八日，賜太監王貴。

又銀瓶一，其底鐫二十八字，其文曰：『尚衣監永樂元年六月，内成造閑鍍金茶壺一個，蓋攀全花銀二十兩重。』銀條壺一，其底鐫十二字，其文曰：『艮巴茶壺，十七兩七錢，鎖蓋全。』此外玉杯瓷罏之屬，大小百餘，惜皆破碎零星，絶無標識。山澤之寶，其出有時，是諸物者，不幸而委諸傖父之手，其存其没，固未可知。幸而爲好古者所得，庋之篋笥之中，不數十年。授受易主，物既不能自道其出處之歷史，年代之久暫，夫孰從而貴之？嗟乎，白楊秋老，誰尋狐兔之鄉；黄土壟封，空作帝王之夢！今世宦之族，競爲磚銘碑碣鐫一二字以傳後裔，其猶此志也夫。

瓜子皮詩

龍雨樵先生鐸，宛平才子也，年十二歲，杭州宿儒朱桂亭先生命賦瓜子皮詩，操筆立成一絶，詩云：『玉芽已褪空餘殼，纖手初抛乍有聲。莫道東陵無托意，此中黑白盡分明。』朱君大加賞嘆。乾隆中，登賢書，官吴縣知縣。

鴉片烟賦

武清張曉蓉孝廉鵬翼，天才敏捷，晚年有阿芙蓉之癖，嘗作《鴉片烟賦》，字字穩切，一時争傳鈔其稿。其辭曰：

鵝兒酒後，雀舌茶前。烟花世界，燈火因緣。看登榻而吞吐，成餐霞之睡仙。一口兩口，左邊右邊。未嘗不顧影自憐，可止則止，無奈此引人入勝，是烟非烟。原夫烟之名鴉片也，産自外洋，傳來中國，流毒無涯。居奇有客，花田萬畝，收來罌粟之漿。海國孤帆，送到波斯之舶。可是入善人之室，氣奪芝蘭，居然遵禹貢之經。土分黑白，水火既濟，煎熬最工。或燒燭於夕陽以後，或支爐於午日之中，成此脂膏，大似陰陽爲炭，去其渣滓，當同造化爭功。調草蜜之絲絲，簾風扇碧；滴花酥之點點，爐火揺紅。於是倚鴛被兮輕挑，躺象床兮不倦。栖遲安樂之窩，困頓芙蓉之院。一燈如豆，青分藜火之光。萬念成灰，黑沁桃花之面。仿佛仙飛枕上，逸趣横生，分明藥蓄房中，春宵久戀。其器則辨新舊，論短長，食無求飽，舍之則藏。脱手成珠，如擲麻姑之米；焚膏繼晷，疑偷韓壽之香。烟後則玉管飛灰，吹噓冬夏；燈前則文光射斗，掌握星芒。鴉鬟鴉背之餘，另傳鴉片；烟袋烟壺之外，别號烟槍。彼夫視此爲應酬之具，援以聯聲氣之親。竟俾晝以作夜，時出門而同人。吞烟裹之烟，胸襟湖海；領味外之味，龍馬精神。乘興而來，且庶幾而式食；和盤托出，以宴樂我嘉賓。亦有空庭湫齋，倚欄支腮，輕癮重癮，將來未來。神不疲而自倦，泪交流而可哀。嘆當年之烟館，成今日之債臺。連朝數口依人，不無忸怩，誰肯一杯分我，免此徘徊。我國家壽域恩宏，春臺日茂。布大德於生成，敷太和於宇宙。擬寒食禁烟之例，律甚森嚴；切小人懷土之心，品何卑陋。况呼吸日深，薰陶過厚，始則誤於因循，繼則戕其年壽。一搦腰輕，兩彎眉縐。纔悔荒唐春夢，事同碧落之空；劇憐憔悴秋風，人比黃花之瘦。

石氏善果

石申字仲生，灤州人，順治三年進士，歷官户部左侍郎，贈尚書，祀鄉賢，有《寶笏堂遺集》。其女，清世祖恪妃也。漁洋山人《池北偶談》記其事，録之如左：

世祖皇帝恪妃石氏，灤州人，户部侍郎申之女也。申父維岳，明萬曆庚戌進士，官某省副使。會王府中官某，鴆其王，反誣其妃某弑逆。撫按以下，皆納其賄，將具獄矣。維岳不可，力雪妃冤。至是申生恪妃，竟入宫掖，人以爲救妃之報云。

橋梓丹青

霸州韓古峰姻丈，性嗜酒，工繪事，喜作寫意花卉。醉後落筆，生氣滿紙，酷似老蓮。子比賢茂才亦善畫，筆意蕭散，有乃父風。

一吾治水

陳子翽先生儀，文安人，一吾其别號也。性慧而奇，總角時輒矢於父母，昆弟事皆身任之，每日不弟即不孝，識者重之。讀書超悟，不摭皮膚，或規以偕俗，弗從也。時家業中落，紀子湘太守負人倫鑒，奇之，每宴會必招先生。先生敝衣冠，觴咏其次，一座皆傾，臧獲竊迂笑之。太守喻之曰：『非常人也。』康熙庚午科試，學使者賞其文，推爲八府諸生第一。是年秋闈，登賢書，九蹶南宮。乙未會試，考官潘穎以元薦，王文恭公頊齡曰：『此才太奇。』第二人允矣。潘曰：『元以庸才也。』王恚，舉筆授潘曰：『君自爲之。』潘援筆立點，定訖。王怒，潘亦怒，遂止。及書榜至十八名，王止而顧潘曰：『君所奇者魁也。』王意解，遂録名入詞林。蔡宗伯升元館課，必以第一名處之，方公靈皋得文稿，閲一藝曰：『北方名士耳。』再閲則曰：『名下固無虚士。』三閲起之，嘆爲天人不可及，命駕排闥呼見曰：『今再見先兄百川高境矣。』遂訂交。張文和公廷玉讀其文曰：『奇才也，然我則不敢用此人。』其爲時所重如此。先生暮年，以文詞無實用，講求天下厄塞，民生利害，皆洞悉之。一日有飛騎傳宣曰：『王召！』授騎去，則怡藩也。是時畿輔大水，上命王開水利府，朱文端公軾副之，規地營田，以備旱潦。議者以爲不便，王亦慮不能終其事，欲得稔形勢通治法者咨焉，而朱公薦之也。先生啓曰：『興水利者，去水害也。水聚則害，分則利，壅則害，行則利。去害之法，於隘者擴之容，羡者分之減，塞者疏之通，漫者攝之注。害去，田乃可營。而營田以分水，亦正以除害。蓋溝渠洫澮，浚之距川，皆以行水，即皆以分水。一川之水，散爲百溝，一溝之水，散諸千畝，將恐不足，詎患有餘？南人争水如金，北人畏水如仇，用不用之异也。今用水爲田，即用田分水。成田而水散，則利興而害息矣。』王曰：『善，然議者謂人力不能反川原之性然與？』對曰：『營田於川，非於原也。北地高亢，合天下較之耳。專論此地，則高者十六，下者十四，淫潦汩之，半歸淪胥，規此營田，乃變污萊爲粳稻也。』王曰：『善，然旱則奈何？』對曰：『北地冬春多旱，甘霖嘗於五六月，然過多，恒爲高田之害。初夏養秧，可借潤於河及泉，迨插秧時，正雨之時，水田可無憂旱。高田既苦雨，多宣泄於水田，亦可無憂潦，此營田之便也。』王曰：『然其爲地幾何？』對曰：『民間故種稻者，無假官營，則營民之不能營者耳。如後湖湖也，疏泉可田；大淀淀也，開河可田；天津寶坻，陸區也，引潮可田；任縣、甯晋，水鄉也，圍泊可田。其他地勢，可例推也。水高於地，溝而分之；水與地平，壅而溉之；水卑於地，車而升之。行埝以防淫潦，閘洞以備蓄泄，經始既定，隨時修補，期以十年，粳稻與黍稷并茂矣。』王顧朱公曰：『讀書人不當如是耶？』奏以先生行。期年，水患平，不愆於所指陳之略。至雍正五年，分四局，以先生領天津同知，上徑以侍講管同知如開府儀，尋歷侍讀庶子，晉侍讀學士，而理局事如故，皆异數也。在津數年，百餘里水鄉皆大有秋。八年，設營田觀察使，命以侍讀學士兼僉都御史，領京東觀察使。京東負山帶泉，營田尤便，開渠築圍，成良田數十萬畝。歲比大稔，先生請糴充天庾，以免穀賤傷農之弊。十一年，北京大水，漂没田廬萬計，先生草疏以聞。或疑非使者事，先生曰：『《詩》不云乎：「駪駪征夫，每懷靡及。」不以一事自限也，敢坐視乎？』得賑濟全活三十四萬口有奇，然議者遂以爲營田使不便，裁之。先生治水多靈异，至今猶嘖嘖稱之。著有《蘭雪齋文集》《學庸口義》《鄉黨私記》《毛詩臆評》《離騷廣》《前定録》《天游録》《直隸河道事宜》《治水末議》《金剛經臆説》《楞嚴經臆説》《南華經解》等書行世。

捐金贖師罪

交河蘇語年先生鶴成，幼穎悟，年十五，通《春秋》、『三禮』。雍正乙卯舉人，乾隆丁巳成進士。有至性，母病風，不能言，先生扶持抑搔，悉中親意。父北流公，卒於官。先生匍匐奔喪，間關萬里，出没風濤間，數瀕於危，卒得扶柩歸葬。人謂先生誠孝，有以感之也。繼遭太孺人憂，絶意仕進，居恒遇人厚，持己恬淡。高密單公雨莊，鄉試薦卷房師，緣事戍臺，先生爲捐金納贖得歸，時人咸仰其高誼焉。

井書御扇

井柏亭先生玉樹，文安人，天資清秀，工書畫，雕刻圖章，并臻佳妙。乾隆四十七年，游京師，以書法奇絶，得蒙召見。命書御扇，録劉夢得《陋室銘》。上深嘉賞，賜以教職，不就。退居林下，書畫之名益重。踵門求者日衆，先生未嘗輕許之也。性鯁直，寡交游，重然諾，酷嗜杯中物，不與俗人爲伍。所以書畫，概不多見，得其片紙，珍如拱璧云。

全家殉難

王獻我先生策，文安孝子原五世孫也。孝子生子六人，至曾孫應霖，明萬曆庚辰進士；應期，萬曆己丑進士。先生爲應霖公仲子，折節讀書，沈酣經史。萬曆庚子舉人，官山西太谷知縣，有惠政，遭時多故，罷歸。崇禎戊寅，清師至，人皆棄城逃，親舊招之去。先生毅然曰：『草莽市井皆臣也，况曾受一官，身爲民倡，逃以苟免，何面目見先人於地下？』家人謹奉令，咸惴惴无敢他竄。已而城陷，先生朝服坐庭中，兵入，抗節不屈，遂及於難。子三人，次子先殤，長子層城，三子添丁，俱夫婦同死。孫及孫女十餘人、侍妾數人、僕婢十餘人，皆一時殞命。嗚呼！公爲孝子後，此一死也，所謂求忠臣於孝子之門者，不其然乎？兵既退，子婦郭氏自母家歸，無以爲殮，撤廳材作棺，三十餘具，次第收而瘞之，葬於祖塋，一時皆悲其殉難之慘。郭氏任丘縣光禄卿郭公女，先生次男婦也，時方寡居。光禄知公志，先期潛迎女以歸，故得獨生，以盡婦道，矢柏舟終其身。

一門風雅

文安紀孟起先生愈，康熙六年進士，天資朗豁，博學工詩，夙具偉略。己酉土寇攖城，倡先守禦，邑賴以安。隨大將軍撫剿江西逆賊，恢復撫州。勸止殺戮，或遺以所俘婦女，貯之別室，訪其夫還之。歷官工科掌印給事中，祀鄉賢，著有《式綸堂詩稿》。仲弟靈，字仲霽，廪生。康熙己未，大城劉端敏公楗薦舉博學鴻詞。著有《朏庵詩稿》。季弟元，字子湘，順治十二年進士，歷官漢陽、鞏昌等府知府，著有《卧游詩稿》。子遴宜，字毅亭，康熙甲戌進士，歷官吏科掌印給事中，著有《龍城詩集》。侄暹宜，字廷亮，康熙四十四年舉人，官景州學正，著有《五芝樓集》；邁宜，字偲亭，康熙五十三年舉人，官山東泰安州知州，有《儉重堂集》；逯宜，字緘三，康熙五十三年舉人，有詩名，官浙江仁和縣知縣；逵宜，字可亭，雍正元年進士，歷官刑部員外郎，有《藺甕集》；邁宜，字碩亭，雍正二年舉人，有《返吴吟》。孫咸，字中涵，雍正元年舉人，官安徽旌德知縣，亦能詩；晋，字企瞻，乾隆三年舉人，官甘泉縣知縣，著有《寶樹軒詩集》；恒，字任甫，諸生，有《藤花書屋詩草》；復，字夢餘，乾隆九年舉人，有《寶樹新屋詩草》。侄孫宣猷，字次辰，號容庵，乾隆己未進士，官河間府教授，亦能詩。曾孫淑曾，字衣孟，號秋槎，乾隆十八年舉人，歷官湖南鹽法長寶道，著有《漢皋集》。曾孫婦劉氏，名錫友，著有《松鶴軒詩集》。一門風雅，四世詩人，洵爲藝林盛事。文安人語云：『紀詩井字陳文章，萬里尋親孝子王。』何文邑名人之多也！

父女善畫

崔青蚓先生子忠，高士也，明末，補順天府學生，負才名，尤善畫。董尚書其昌异之，谓非近代所有也。益自重，凡以金帛請者，概不應。有友人官吏部，屬選人以千金爲壽。先生投之地曰：『乃以選人金污我耶！』史忠正公家居，過其舍，見先生方絶食，乃留所騎馬，徒步歸。先生售馬，得十數金，呼其友與痛飲曰：『此酒自史道鄰來，非盗泉也。』一日金盡，絶食如故。好讀書，通《大戴禮》，發爲詩古文，奥博奇崛，超异時流。闖賊陷京師，先生出奔，鬱鬱不自得。會人有觸其意者，走入土室，匿不出，遂餓而死。先生二女，皆善畫。

芥子銅政

定興王芥子先生太岳，乾隆七年進士，官雲南布政使。先生弱冠入詞林，海内交推其文學，而先生獨志於經世之務，所至必爬梳剔抉，據今考古，咨民疾苦而討論之。在平慶及西安，皆有惠政，尤留心於水利，著《涇渠志》三卷。及在雲南，憫銅政之弊，於是旁搜博訊，指利害所由來，以求補救之術。大略謂舊時滇銅，聽人取携，自康熙四十四年始請官爲經理，歲有常課。至雍正初，始開鼓鑄運京局，以疏銷積銅。兹硐路已深，近山林木已盡，夫工炭價皆數倍於前，而又益以課長之掊克、地保之科派、官役之往來供役。廠民受價六兩四錢之外，尚須貼費一兩八九錢而後足。采辦之難，此其一也。滇銅自乾隆四五年以來，歲産六七百萬斤。乾隆三十八年、三十九年，以一千二百數十萬告，此滇銅極盛之時。至今日而京師之運額，既不可缺，而江南、江西以外，尚有浙、閩、黔、粤、秦、楚諸路開鑄，求之益衆，責之益急。雲南之銅，何時足乎？采辦之難，此其二也。硐民皆無業之人，領本到手，往往私費，亦有開硐無成，虚費工本，懸項纍纍，名曰廠欠，自頃定議，每歲終，責取無欠結狀。然工本不足，廠民不能徒手枵腹而致采，則爲之量借油米爐炭，以資工作。而其欠借不歸之油米爐炭，亦不下巨萬之值。大廠之逋纍，積重莫蘇。采辦之難，此其三也。小廠收買，涣散莫紀，合計數十小廠之銅，比二三大廠不能半，則大廠安得不困！采辦之難，此其四也。若夫轉運之難，牛可載八十斤，馬力倍之，一千餘萬之銅，非十萬匹頭不辦。今司運之官，既皆增價雇募，然不免以人易畜。

里民每贏數日之糧，以應一日之役。喜事之吏，驅率老幼，横施鞭打，瘁民生而虧政體，非小故也。嘗竊求前人之論議，其有已效於昔而可試行於今者，曰多籌息錢，以益銅價也；通計有無，以限買銅也；稍寬考成，以舒廠困也；實給工本，以廣開采也；預借雇值，以集牛馬也。銅政之要，必寬給價。給價足而後廠衆集，廠衆集而後開采廣，開采廣則銅多，銅多則用裕，有銅本斯有銅息，有鑄錢斯有鑄息。以廠民之銅鑄錢，即以鑄錢之息與廠。費不他籌，澤不泛及，而此數十廠百千萬衆，皆有以蘇困窮而謀飽暖，積其歡呼翔踊之氣。銅即不增，亦斷無減。雲南山高脉厚，到處出産礦砂，但能經理得宜，非惟裨益銅務，而數千萬謀食窮民，亦得資以生活。由此觀之，小廠非無利也，誠使加以人力，穿峽成堂，則初闢之礦入不必深而工不必費。又地僻人少，林木蔚萃，炭亦易得，較大廠攻采之費，有事半而功倍者。誠於廠之近邑，招徠土著之民，聯以什伍之籍，又擇其愿樸持重者爲之長，於是假之以底本，益之以油米薪炭，則涣散之衆皆有所繫屬。然後示以約束，董以課程，作其方振之氣，厚其已集之力，使皆穿石破峽，以求進山之礦，雖有不成者寡矣。銅運之在滇境者，後先踵接，依次抵瀘，而瀘州旋收旋兑，略不停息，則終無儲備之日。惟寬以半歲之期會，然後瀘州有三四百萬之儲，儲之既多，則兑者方去而運者即來，是當有餘貯也。如是而凡運官之至者，皆可以時兑發，次第啓行。在瀘既無坐守之勞，在途亦有催督之令，運何爲而遲哉！疏上，不果行，其後銅政日益困敝。始取其説，稍稍用之，然亦不能盡也，是以滇之官吏至今莫不習其書云。先生有功銅政甚偉，滇人思之。先是昆明縣五華書院中祀鄂文端公爾泰、楊文定公名時、尹文端公繼善、陳文恭公宏謀、李恭毅公湖、明將軍瑞，爲六賢祠，至是以先生附祀，更名七賢。

閻公對聯

通州閻忠烈公應元，江陰典史，已遷英德主簿，道阻未赴。寓居江陰，清兵至，環攻兩月餘，城不破。有僧云，江陰乃芙蓉城，攻蒂則花自落矣。乃專攻花家壩，城遂破。相傳臨難自題一聯云：『七十日帶髮效忠，表太祖十六朝人物；三千人同心赴義，存大明一百里江山。』後建祠即用此聯。

朱太守

朱英，原名灤，號宣初，朱文正公珪之侄孫也。官知府，解音律，嗜吟咏，工繪事，花卉果品，活色生香，兼畫人物，雅近新羅。

林佳蔭

康熙甲戌，特旨禮部取霸州廩生林佳蔭充内官學漢文教習，諭廷臣曰：『是朕教書林師之孫，其家甚貧也。』時上御極已三十餘年，佳蔭方爲諸生。林師何人，而聖祖惓惓乃爾，録此以諗熟於國故者。此事《文獻征存録》《海島録》紀之，均未詳其出處。

朱公博學

外伯祖朱絅齋先生雲錦，永清名孝廉。幼聰慧，日誦數千言。稍長，博通經史。弱冠舉於鄉，有經世之志。屢躓禮闈，遂沈酣於詩古文辭。霸州吴霽峰中丞重其人，聘司翰札，所有奏章，均出先生一人之手。晚年官南和縣教諭，著有《皖省志略》

《豫省識小録》《勸織俚言》《蕉雨軒集》，未梓。光緒庚子，遭兵燹，良可惜也。葉衣珊明經言先生有壽乃祖佩蘭孝廉序一篇，誠吉光片羽也，亟録於此：

葉佩蘭孝廉六十壽序

今之縣，古之國；今之令，古之侯也。厥秩七品，厥禄千金，奔走而聽令者，常從吏胥，下逮鄉保，不下數百人。邑數百户，皆神明仰之，而父母奉之，亦大丈夫得志於時者之所爲也。榮已哉！膺斯任者，甲科尚已，次則登乙科者，自銓部以次進用。聖天子加意人才，憫其取之於少壯之日，用之於遲暮之時，則又設挑班，俾得隨時拔其尤者。需次省垣，及時補用，高才捷足者圖進取，中人亦希以脂膏自潤。故士之名在賢書者，皆翹首而望，計日而期，而冀幸其一得，惟吾佩蘭姻兄，則獨异是。君少吾約十許歲，其少也，固見其負穎异之資，嶄然露頭角。稍長，應童子試。及爲諸生，應科歲試，輒冠其軍。甫逾弱冠，即領戊午科鄉薦，戚鄙咸以遠大期之，乃屢躓禮闈，連不得志於有司。然遇恩挑之典，則不肯隨班登内閣之堂。及屆期，銓選部檄催，亦不肯治裝應考功之格。游好咸异之，或爲勸駕，則笑而不應。余常流連其别墅，爲平原十日飲。酒酣耳熱之餘，常微叩之，君則曰：『他人或不我知，公固個中人，豈尚昧於此乎？夫國家之設令，將以興利除害也。吾曹生長斯邑，此閭利之宜興者何事？弊之宜除者何事？茫如也。即微知其端倪，若何興而若何除，豈有把握乎？又將以爲朝廷惠養斯民也。吾輩讀書學古，固志在循良，然一人處堂皇之上，其趨走而聽命者，皆思藉令以爲利。我欲達民隱，而彼則思掩令之耳目；我欲伸冤抑，而彼則恩令之心思。吾即竭其智，而力與之角，其不勝者，勢之常也。且吾又疏於才，駕駑駘之乘，負千鈞之重，而行羊腸之道，陟九折之坂，其不顛而躓者幾何！』吾憬然曰：『君未歷其途，而洞其艱。炫榮禄於前，而裹足不進，明決若斯，於爲令也奚有？顧退然若不勝，殆韓子所謂爲人也過少，自爲也過多者歟？』然吾登其堂，則秩秩然，肅肅然。諸子皆量其才而受之事，蓋鄧元侯一門之内，七葉俱成歟？與宗族鄉黨處，則接之以撝謙，諭之以夷庚，且與父言慈，與子言孝，皆薰其德而善良。有爲不韙者，畏君之知，甚於鞭扑，則濟下之伏不闕、太原之王彦方，合爲一人者也。且老而好學如袁伯業，後進之秀，從之游者，口講指畫，殘膏剩馥，沾丐無窮焉。晚又好方書，施良劑活人。范希文之『不爲良相，即爲良醫』之胸襟，如出一轍焉。是君之不出而爲令，被其澤、濡其化者，殆過之，則又何嘗狹其兼善之量哉！今年已周甲矣，九月良辰，實其初度。家習泉叔將携菊醞壽之，且命雲爲侑觴之詞。駢四儷六，非余所能也，度亦非公所好，故述疇昔往復之言，藉以見君之淡於榮禄而澤足被物者有如斯，則身康强而子孫逢吉，必皆自愷悌慈祥之念。醖釀而成，以古證今，有如蓍蔡，何庸蕪詞之頌禱爲耶？吾知君展而觀之，必有契於中，欣欣而喜，陶陶而醉曰：『絅齋知我哉！絅齋知我哉！』是爲序。

谷公良史

谷霖蒼先生應泰，豐潤人，順治四年進士，歷官浙江按察司僉事，著有《明史紀事本末》八十卷。其書仿袁樞《通鑒紀事本末》之例，纂次明代典章事迹，凡八十卷，每卷爲一目。先生成此書時，《明史》尚未刊定，無所折衷，故紀靖難時事，深信從亡致身諸録，以惠帝遜國爲實，於滇黔游迹，載之極詳。又不知懿安皇后死節，而稱其青衣蒙頭，步入成國公第，俱不免沿野史傳聞之誤。然其排比纂次，詳略得中，首尾秩然，於一代事實，極爲淹貫。每篇後各附論斷，皆仿《晋書》之體，以駢偶行文，而遣詞抑揚，隸事親切，尤爲曲折詳盡。考邵廷采《思復堂集·明遺民傳》，稱山陰張岱嘗輯明一代遺事，爲石匱藏書，先生作《紀事本末》，以五百金張岱『列傳』兩家具有本末，先生并采之以成紀事。據此則先生是編取材頗備集衆長，以成完本，其用力亦可謂勤矣。

王宜人墓志銘

天津嚴範孫先生，清遺老也。少有才名，力求實學，通籍後，有經世之志。游歷外洋歸，以提倡新學爲己任。民國以來，無心問世，隱居沽上，以詩酒自娛，而先生古文，殊不多見。去歲見《文安薛母王宜人墓志》一篇，録此以示一臠之嘗，其辭曰：

民國十一年夏四月，奉直相攻，勝芳鎮薛君竇田之妻王宜人以衛姑死於兵，聞者莫不哀之。始光宣間，竇田紹父志，游宦陝西，宜人實從。室無婢侍，躬治饔飧，以佐朝夕。或勸其少逸，宜人慨然曰：『自古潔志好修之士，潰於墨而潰其防，或多自於閫内。吾詎可不黽勉既厥事而以是累吾夫哉？』因約其衣服飲食，壹如里居時。竇田授同州府經歷，迭權大荔、韓城、白水諸縣事，以廉公著秦中，宜人之助爲多。逮清末，寶田棄官歸，太宜人春秋已高，嬰疾沈痼，動息不自由，惟宜人能承適其意。戰初作，火器殷熾，屋瓦皆震，太宜人故重聽，宜人戒家人勿聲，由是内外帖帖。方是時宇内囂然，疆域分裂，國人敚攘無虚日。勝芳鎮隸直隸文安故邑，大聚魚鹽米穀，爲重商大賈所湊，又饒蒲蛤利，顧三面阻水，春夏暵旱，猶沮洳艱涉。時兩軍宜營平原廣野間，直軍主者，謂地當燕魏衝，輒壁鎮北，既交綏，值直軍偶失利，輜重自下隰馳高原，猝凝滯不得上，盡見鹵獲。主者則勝誣造謗，詭謂鎮人皆衣長衣，伏短槍於暗陬，伺隙助敵。亟陳其狀上，援軍司令楊公以爲事固彰灼，無所復疑，且驟擁軍返。比至鎮，乃大掠，寶田方詣里人，條具供億，家老僕應門。群卒闖然入，僕驚逸，宜人聞變遽出，則款款然爲好語解之曰：『即有所需，室所陳，壹任爾乎取之，慎勿驚老母。』語闕涉未既，一卒突持槍相嚮。機驟啓，傷宜人首。寶田聞耗，馳歸營救，已弗及，一鎮咸驚。有堅鐍其户者，群卒環門而囂，將火之。援軍司令楊公初得所白事，深揆其不然，旋亦踵至。主者特盛讐衛杜訴者，寶田卒冒禁具述。楊則大慚，亟移軍去，而鎮人禍立解。宜人太學生啓承之次女，陝西□□□之冢婦，年十九而歸寶田。生於同治二年九月十六日，卒於民國十一年夏曆四月十一日，春秋六十。子二，長福源，出嗣小宗；次禄源，肄業中學校。女一，適同邑程□□。其明年夏四月，宜人夫弟寶書持狀來請銘。修嘗讀《杕杜》之詩，其三章曰：『王事靡盬，憂我父母。』男女睽隔，不自言其傷，而獨以憂其舅姑爲大慼，詩人豈故迂其義哉！蓋不如此，不足以盡夫婦之禮，而爲人倫之極也。今宜人履險歷變，猶將獲慈親，無失常度，俾不罹於震愆，則其平昔懇懇篤於人紀者可知也。雖詩所稱，何以過？嗚呼，是誠可則也已！而崎嶇暴人之間，竟猝與禍會，不獲共寶田從容偕老林泉，世之人固有愀然深悲其不幸者。修觀自古亂亡之際，其造釁者或僅數人，然每每竟保首領以歿，而任天下孝子、悌弟、貞婦、烈女無罪而并命兵革盗賊之中，造物者當亦不能無憾，然人莫不有死，其能順性命之理，是得全其所受於天也。如宜人者，則雖謂之考終可也。矧以宜人故，濟艱銷萌，一鎮賴以復安，其有功於鄉里者甚大，則宜人其可無恨。謹按銘者誄之遺，非於德於功於言有立，或無以舉其詞。婦人處順境，雖有婦行，尤莫能渦禮之中制。今宜人純德异烈，孝异之聲，流播海内，是於法宜銘。銘曰：

海有時而駢闐，陸有時而淪漣。惟宜人之故里，固避世之所樂稱焉。胡丁古今非常艱厄之會，鴆鸞竟與螻蟻而同捐。嗟夫，天道之無知也久矣，蓋不自宜人而始然。

我銘以昭之，惟以著其仁賢。

華公醉書

天津華弼臣先生，家師虞孝廉癸巳同年友也。本津郡世家，性和而嚴，尚風節，博學工書，深得魯公神髓。民國成立，傷心時事，恒在醉鄉。有時乘醉揮毫，力透紙背，堪與何道州相伯仲。嘗書《南皮張氏二烈女碑》，人争拓之，一時洛陽紙貴。甥寧河王酌笙大令因索書贈以一律，詩云：

獨愧離群久索居，文人結習未應除。回思紫陌趨朝日，正是黄庭落紙初。秃筆已成蘇武節，端人猶見魯公書。劃如太華巍峨至，寶氣英光滿敝廬。

母女唱和

孫夢仙女士雲，天津人，伯蘭先生之女弟也。性慧多才，工繪事，少就外傅，學於海陽蔣香農先生。博通經史，習禮明詩，著有《夢仙詩稿》。長適同邑羅君雲章，有賢聲。事姑至孝，撫猶子以慈。經營内政，井井有條，暇日猶不廢吟咏。女公子真如、沛如，林琴南孝廉女弟子也。詩筆宛肖其母，一時傳爲佳話云。

李少尹

宛平李照，字小竹，本姓佘，竹西先生之子，官常山少尹。善畫花卉、翎毛，罷官後流寓梁溪，與秦誼亭交善，亦工山水人物。

王烈婦

烈婦董氏，文安人，家赤貧，鬻身養母。大城王幼庵增翻，納爲篷室。王選康平縣學博，未赴，乙卯八月，病卒於家。董絶粒以殉，年十九歲。劉子山師爲賦《孝烈婦董氏行》，詩曰：

曾聞樂府董嬌嬈，花妒顔容柳妒腰。更有裙釵生北地，絶勝金粉滿南朝。南朝艷曲歌桃葉，王家大令來迎接。子敬人琴一旦亡，未聞死有相從妾。董家孝女出文安，白屋風凉縞袂單。養母苦求供菽水，鬻身何惜種燕蘭。此時月老索紅綫，烏衣門巷人人羡。忍别高堂白髮親，啼痕界破新妝面。天壤王郎字幼庵，康平學博慶彈冠。方欣紅袖圍銀燭，不料青霄下玉棺。王郎永訣中秋節，少婦肝腸皆斷絶。拼教絶粒殉夫君，相見黄泉心似鐵。貧家曾未讀詩書，大義偏能光日月。同里衣冠爲請旌，平舒一邑有光榮。海棠斷送三更雨，湘材同留萬世名。天扼佳人何太苦，香炷斷頭釵折股。小星甘逐少微沈，月宫罷奏霓裳舞。古來董宛董中林，艷福何人堪比數。緑珠慘墜鳳凰樓，小青遭妒胭脂虎。嗚呼！孝烈芳魂二九春，自由薄俗可還淳。便當銘勒鴛鴦家，壓倒隋家董美人。

文安女

文安紀秋水先生淦，早負文譽，尤工於詩。嘉慶三年舉人，官萊蕪知縣，有惠政，萊民德之。嘗賦《文安女》一篇，録之如下：

文安女 并序

葛怡堂言，邑辛酉灾後，鄉民多賣兒求活。奴價升米，僅數日食，山東巨猾挾重資來購。農民某氏女，及笄，有姿色，家數口垂斃，女請行，談笑別父母。及去，至中流，望鄉遥拜，拜已，遂赴水死。怡堂約作詩紀之，不果。棣州無事作此，怡堂述時，忘其姓氏，故以文安女名篇。詩曰：

濁濁溝中泥，皎皎機上苧。三五顔如花，文安小家女。太歲在辛酉，魚鼈逐人食。河北爲比鄰，飢骸滿澤國。無地掘草根，少錢買魚舸。三日斷炊烟，阿爺倚門坐。出門水茫茫，入門天蒼蒼。弟妹索餅啼，阿娘傷中腸。阿爺視女吁，阿娘視女悲。生女不如男，負米他鄉陲。峨峨大船來，言是山東豪。左顧擁錦紈，右手持錢刀。里黨妖冶兒，牽臂出茅屋。朝沐登客舟，暮釜煮牛肉。敢惜女兒身，不救爺娘死。面脂掃雙蛾，願作臨淄伎。媒妁四五輩，奔走顔色歡。剪布爲女衣，買珠爲女冠。不愛明月珠，不樂綉羅衣。但求數石粟，堂上無苦飢。秋風聲蕭蕭，揚帆違故土。揮手慰爺娘，斂衽辭姐姥。篋有刺殘綉，妹長爲花絢。橐有未裝綿，弟寒爲短襦。女身浪中萍，女意水中石。一笑赴清流，紅顔殉深澤。里老聞風驚，家人招魂哭。至今廣陵城，過者悲魚腹。我欲竟此曲，此曲促且哀。年年女貞木，花落孟家臺。孟母臺在文安城東。

良朋高誼

天津梅樹君廣文，學問淹雅，喜爲歌詩，以名孝廉。居冷官，公署蕭閑，吟咏無虛日。罷官後，結梅花詩社於沽上，一時風雅之士多與唱酬。性寬仁，篤於友誼，與文安紀秋水大令爲文字交。紀故廉吏，歿後，家業中落。妻子飄流，先生時加周恤，并爲收其遺稿，即今所傳《豆花齋詩草》是也。

石耕善琴

韓經正先生畕，一字石耕，順天人，明逸民也。負性孤僻，率行己意。甲申亂後，與兄田俱無家室，多客於人。凡所主家，皆事之惟謹。欲饋之衣，置其卧所，先生問取衣之，不問所從來。若使之知，即不受。嘗飲酒家，酣飽而去。庸保追取酒直，酒家止之。他日得白金數兩，盡付酒家償直。夙善琴，得意時彈之，有請之彈者，終不爲彈。彈時有稱善者即止，以此多困。著有《天樵子集》。

李公盛德

長垣李章六先生振世，初選河南獲嘉令。邑當衝要，差繁地瘠，先生一意拊循，貧民無食者，給糧米牛具，任其開墾，闢荒地三百餘頃。時征吴逆，官兵過境，供億無缺，民不知擾。令江西永豐，署中舊有妖祠，蟒蛇爲祟，驅而斬之，蟒長二丈餘，郡守驚其膽。後官湖廣按察司僉事，時有裁兵之變，單騎入賊壘，諭以大義，衆感服歸順，全楚悉平。署臬篆，多所平反。遷陝西莊涼道布政司參政，以病乞歸。著有《退食稿》。

提因讓産

劉提因先生果實，滄州世家子。性聰慧，讀書一過成誦。年十三，補諸生，十七舉於鄉。二十一成進士，授編修。天性孝友，父殁，遺産盡讓於兄。妻亡，不再娶。每曰：『夫死改適爲喪節，妻亡再娶，獨非失義耶！』

華省仙郎

寶坻王子千先生煐，性情高逸，博覽群書，以明經授光禄丞，進刑部郎。每退食，與朱竹垞、姜西溟、趙秋谷諸公樽酒流連，揚扢風雅，一時有華省仙郎之目。及出守惠州，政簡刑清，觀風問俗。又得其鄉名宿梁藥亭、陳元孝游，詩境益進。觀察永寧，以憂歸。久之，再補温處副使，潔清自矢，一如守惠時。顧性耽吟癖，曰吾將恣遠游以自快。禹穴蘇臺，淮陰陽羡，屐齒無弗歷焉。所至輒交其地之賢豪，花晨月夕，載酒揚帆，時令雙鬟按拍，唱所製新樂府，望者疑爲神仙中人也。

竹坡工書

磁州董竹坡先生昌齡，名諸生也。肆力於學，所作古文，不同凡響。楷法直逼

又皆以行業自勵，非徒作嵇阮清談也。鍾王，求書者無虚日。不求仕進，自適於山水間。日與王西園、劉他山彈琴賦詩，

若水善畫

王若水先生滉，亦磁州諸生，頎形偉貌，性高尚，不樂仕進。能詩善畫，鄉里奉爲祭酒。與董竹坡、劉他山詩酒言歡，時稱三老。

一門孝行

張上若先生湑，磁州人，明大司馬鏡心子，器質端偉，十二歲補博士弟子員。順治九年，成進士，選庶常。以母病乞歸，日夜侍湯藥，偕妻劉、弟衍，争割股以進。母小愈，既而連丁内外艱。服闋，入都。會世祖命入覲，監司條奏地方利病。大梁道沈荃詢於先生，先生言鄴下朝歌，地當孔道，歲苦供億不支，請以後凡大兵駐二郡，旁邑協濟，民力可蘇。沈然之，章上，得旨，著爲例。歸日手『六經』『史漢』

及韓柳陶杜集，校讎評點。常受經於無錫堵孝廉濂生，生時周問不絶，歿恤其孤。

先麓著書

肅寧苗先麓先生夔，宿儒也，幼嗜六書形聲之學，讀許氏《説文》，若有夙悟，又得顧處士炎武《音韵五書》，慕之彌篤。年二十餘，即纂《毛詩韵訂》，又纂《廣籀一編》。嘗於河間城外得漢時君子館磚，又得開元瓦於獻王墓旁，私獨欣喜。道光十一年，舉優貢生。高郵大儒王氏念孫父子聞先生之説，禮先於先生，遂與暢論音學源流，由是譽望日隆。初隨編修汪君振基衡文山西，繼隨祁文端公衡文江蘇。所至甄拔名流，周覽山水。祁公還京師，乃醵金刻先生《説文聲訂》若干卷、《説文聲讀表》七卷、《毛詩韵訂》十卷、《建首字讀》一卷。以爲許叔重遺書多有爲後人妄删，或附益者，乃訂正説文聲類八百餘事。顧氏音學，所立古音表十部，宏綱已具，然猶病其太密，而戈麻既雜西音，不應别立一部，於是并耕清及蒸登於東冬部，并歌戈於支脂部，定以七部，隱括群經之韵。書出，識者嘆其精審焉。咸豐七年五月初七日卒，春秋七十有五。子玉璞，擇先生尤嗜之書，納諸棺中以殉，曾文正公銘其墓。

于公讓財

宛平于司直先生奕正，明末諸生也。性孝友，父歿，讓財於兄弟，自居荒園。每於霜清木老時，策蹇入名山，攀枯藤，坐危石，慨然賦詩，有超世之概，其亦加人一等矣。

桑梓紀聞卷一終

鳴謝

本書出版，蒙族叔香蓀先生捐助印刷費洋貳拾圓，又蒙天津戴甥育三捐助印刷費洋拾圓，特此鳴謝。

桑梓紀聞卷二

顔李二先生事略

顔先生名元，字渾然，博野人。父昶，爲蠡縣朱翁義子，遂姓朱，爲蠡人。崇禎戊寅，父被掠至遼東，母亦他適。甲申鼎革，癸巳爲庠生，名朱邦良。幼讀書二三過輒不忘；學神仙導引，取妻不近。既而知其妄，乃益折節學禮，因悟堯舜之道，在六府三事，周公教士以三物，孔子以四教，於是著《存性》《存學》《存治》《存人》四編，名其齋曰『習齋』。帥門弟子行孝弟，存忠信，日習禮、習樂、習射、習書數，究兵、農、水、火；堂上琴竽、弓矢、籌管森列。嘗曰：『心有事焉，學之要也。心有事則存，身有事則修。家之齊、國之治，皆有事也，無事則道與治俱廢。故正德、利用、厚生曰事，不見諸事，非德、非用、非生也。德、行、藝曰物，不征諸物，非德、非行、非藝也。』先生之學，以事物爲歸，而生平未嘗以空言立教。

既歸宗，欲尋親。時方亂，且嗣未立，久之，乃如關東，誓不得親不反。既而果得其踪於瀋陽，歿矣。尋其墓，哭奠如初喪禮，招魂歸主，奉而歸。呈學丁憂，格於成例，遂棄諸生，終三年喪。自是用世之志愈殷，曰：『蒼生休戚，聖道明晦，敢以天生之身，偷安自私乎？』遂南游中州，張醫卜肆於開封以閲人，所得甚衆。與上蔡張仲誠及其門人明辨實學，言近世聖道之亡，多因心内惺覺、口中講説、紙上議論，三者之間見道，而身世乃不見道。學堂輒稱講堂，孔門爲學而講，後人以講爲學，千里矣。

先生隱居數十年，且老，令長及大吏數表其門，或造廬而請有勸之仕者，笑不答也。光是自孫征君外，先生自謂父事者五人，曰刁文孝，曰李孝慤，曰張石卿，曰張公儀，曰王五公，而朝夕共學者，曰王法乾。法乾，直諒友也，嘗以雜霸規先生，而先生則以空腐爲誡。其後諸君子相繼殁，法乾亦亡，先生泫然曰：『吾無與爲善矣。』進修益刻厲不懈，年七十卒。學使陳蓮宇先生檄縣崇祀鄉賢。先生生平不欺暗室，與王法乾共爲日記，凡言行善否、意念欺慊，逐時自勘注之。勇於改過，以聖人爲必可學。跬步之間，必遵古禮，老而彌篤。乃遭人倫之變，艱危貧厄，以終其身。一子殤，以族孫爲之後。門人李塨、王源編先生《年譜》二卷，鍾錂輯《言行録》二卷、《鬬异録》二卷。

李先生名塨，字剛主，號恕谷，蠡縣人。父明性，有學行，高隱不仕，學者稱爲孝慤先生。同時習齋顔先生，倡明禮教，因命先生師事之。又學琴於張而素，學射於趙思光、郭金城，學書於王五公、彭通，學數於劉見田，後又學律吕於毛河右。立日譜，記身心言行得失，時加改勉，至老不倦。與顔習齋商酌教養之具，每夜分不寐。有所得，則録之《瘳忘編》，蓋於《大學》明親之業，嘗欲見諸實事。冉永光、竇敏修太史集名賢會講都下，先生與焉。因歷及古今升降、民物安危、學術明昧之所以然以及太極、河圖、洛書、經史之真僞，屯田水利、天文地理、兵農禮樂之措置，諸公悚聽，相顧謂曰：『乾坤賴此柱礎也。』先生言語循循，終日危坐，肅敬而安和，近之者不覺自斂抑。北平王崑繩，恢奇自命，目空并世人，年將六十，見先生而大悦，因與共事習齋。

先生由康熙庚午舉人選通州學正，旋以疾告歸，從游者日衆，遠方郵書請正，絡繹不絶。先生雖接引甚殷，未嘗稍有矜色。嘗云：『學者務身心修整，祛妄戒昏，天君湛如而又學爲有用之學，則聖道不遠矣。』李安溪、王太倉相國皆擬特薦於朝，先生力辭。年七十五，卒於家。所著《小學稽業》《大學辨業》《學規纂》《易經論語學庸傳注》《學禮録》《學樂録》《擬太平策》《恕谷後集》《評乙古文》版行於世，《詩春秋孟子傳注》《學射御書數録》及《瘳忘編》等書藏於家。

迴文賦 四

清嘉慶三年戊午，仁宗臨雍講學，趙介山殿撰文楷獻迴文賦。一時詞臣，未有和者。光緒二十二年丙申，湘鄉謝祐生典籍崧岱因刊補《國子監藝文志》，愛其詞之工，謄録付梓。于海帆太史齊慶見之，擬作一篇，功力悉敵，莫可軒輊。吾直諸名流亦仿行之，則有固安楊志伊茂才鴻書、霸州田壽庵明經鴻年、文安王叔雲茂才祖績、族叔師虞孝廉各賦一篇。謝君酬以文具，傳誦一時。真篇篇錦綉，字字珠璣，巧不可階，殆所謂天衣無縫者耶？亟録於此，以公同好。

擬趙介山殿撰進册賦

固安楊鴻書

謹序：國朝龍興燕京，聖聖相承。登極之後，臨廱講學。盛典煌煌，載在史册。皇上御宇之初，駕詣學宫，躬親釋奠，禮也。昔仁宗睿皇帝，詔有事於太學，珥筆諸臣，競相頌揚。修撰趙文楷以辟有迴旋如璧之説，作迴文賦一篇，進呈御覽，以頌我聖清萬年有道之長，意至善也。臣聞梁武帝有迴文《硯銘》，云：『音模德寫，假墨圖心。』簡文帝又有迴文《紗扇銘》，云：『霜照月空，光曜發風。』殆迴文之最古者。又元劉文貞製迴文《鏡銘》，云：『光輪承熙，朗曜長迪。湛明恒持，廣照萬歷。』謂迴環讀之，可得四言三十二章，此又迴文之最巧。至如敷陳巨篇，古今罕覯，此賦實爲創格。臣讀書太學，熟聞熙朝盛事，欣忭舞蹈，不能自已。謹仿迴文體撰賦十有二韵，其辭曰：

巍巍乎舜，蕩蕩乎堯。威揚恩普，義立仁昭。徽音式兮金玉，紱冕被兮瓊瑶。輝流映日兮校庠屹屹，彩吐飛雲兮旗旆摇摇。歸来民人兮歡且舞，啓迪士庶兮咏且陶。蓋尊師而重道，建學而崇儒。門千而户萬，夏範而虞模。奔群殿兮曉侍，集衆臣兮晨趨。敦俗風兮修禮樂，廣教導兮遠涵濡。恩垂羨錫兮紀萬歲，德蹈化咏兮達四衢。夫維克寬克柔，彰信彰義。德同天，功同地。則商周，修典制。飭兮躬，誠兮意。國置庠，朝命吏。閾迎祥，堂集瑞。勒石碑，臧經笥。稷黍豐，籩俎備。特牲登，繁弦萃。愊悃陳，忠信致。億萬年，東西位。職效司分，隆風盛事。鯢鯨兮瀞掃，道路兮蕩平。西戎兮北翟，踵舉兮頸延。梯懸山兮航逾海，醴出地兮露降天。齊文兮媲武，法弛兮刑蠲。鼙鼓息兮安内外，磬鐘和兮定坤乾。圭瓚獻兮古而璞，石鼓迪兮規爲圓。夫且童耆共樂，長幼臚歡。工農兮皞皞，賈商兮般般。中外兮晏晏，室家兮安安。風與雨兮氣協，女與士兮聲歡。隆厥邦兮是繼是述，固厥廟兮如桑如磐。史紀盛兮臣紀美，功大昭兮業大明。矢乃藏兮弓乃偃，琴乃鼓兮瑟乃横。

几筵羅兮管弦列，匏革奏兮金石鳴。祉厥錫兮崇文黜武，風厥純兮釋甲銷兵。跂跂蠕蠕兮飛飛躍躍，鞫鞫啟啟兮乙乙庚庚。

迴文

庚庚乙乙兮啟啟鞫鞫，躍躍飛飛兮蠕蠕跂跂。兵銷甲釋兮純厥風，武黜文崇兮錫厥祉。鳴石金兮奏革匏，列弦管兮羅筵几。橫乃瑟兮鼓乃琴，偃乃弓兮藏乃矢。明大業兮昭大功，美紀臣兮盛紀史。磐如桑如兮廟厥固，述是繼是兮邦厥隆。歡聲兮士與女，協氣兮雨與風。安安兮家室，晏晏兮外中。般般兮商賈，皞皞兮農工。歡臚幼長，樂共耆童。且夫圓爲規兮迪石鼓，璞而古兮獻瓚圭。乾坤定兮和鐘磬，外内安兮息鼓鼙。蠲刑兮弛法，武媲兮文齊。天降露兮地出醴，海逾航兮山懸梯。延頸兮舉踵，翟北兮戎西。平蕩兮路道，掃灊兮鯨鯢。事盛風隆，分司效職。位西東，年萬億。致信忠，陳悃愊。萃弦繁，登牲特。備俎籩，豐黍稷。笥經臧，碑石勒。瑞集堂，祥迎閾。吏命朝，庠置國。意兮誠，躬兮飭。制典修，周商則。地同功，天同德。義彰信彰，柔克寬克。維夫衢四達兮咏化蹈德，歲萬紀兮錫羡垂恩。濡涵遠兮導教廣，樂禮修兮風俗敦。趨晨兮臣衆集，侍曉兮殿群奔。模虞而範夏，萬户而千門。儒崇而學建，道重而師尊。蓋陶且咏兮庶士迪啓，舞且歡兮人民來歸。搖搖旆旗兮雲飛吐彩，屹屹庠校兮日映流輝。瑶瓊兮被冕紱，玉金兮式音徽。昭仁立義，普恩揚威。堯乎蕩蕩，舜乎巍巍。

擬趙介山殿撰進册賦　文安王祖績叔雲

寰瀛兮德洽，殿陛兮光榮。山河保固，典禮澄清。頒詔修儀，夏學弦而春學誦；樹德宣化，心惟一而道惟精。嫺嫺兮鳳蓋，肅肅兮蜺旌。艱克後而艱克臣，禮隆樂備；正乃位斯正乃事，功立德成。夫聖哲敷文，陳編而左圖右史；仁慈沛澤，洽化而天成地平。敬恭惟寅，容儀抑抑；沖虚在抱，典册庚庚。慶協垂裳，終圖敬而始圖慎；聲諧嘒管，海頌晏而河頌清。正直廉明兮宣猷布政，嘗烝禘礿兮鼓瑟吹笙。韶雲兮輦鳳，衛虎兮驂龍。堯爲步而舜爲趨，蹈先模範；睿則聖而明則哲，時惟敬恭。韶樂雍歌兮艾蕭香薦，左旋右轉兮芹藻波溶。朝廟雍雍，斝用瓘而瓚用玉；典章秩秩，《詩》教夏而《書》教冬。且夫文修而武偃，主聖兮臣賢。芬流兮國家，自北自南，自東自西，自美譽之洋溢；色生兮黼黻，有爲有守，有典有則，有隆禮之流傳。墳三典五兮崇功惟志，裕後光前兮峻極如天。焚香而歌《振鷺》，格化而咏飛鳶。崇敬師儒，中規中矩；拜獻籩豆，如圭如璋。隆居兮左个右个，普澤兮上庠下庠。鴻鈞煥乎蔚炳，鶯冕集乎輝煌。通慶惠之教育，啓瑞符之綿長。蓋浚哲惟王，陶甄宇宙，黎民敏德，枕葄《詩》《書》。震出乾乘兮君惟民率，倫明法備兮谷若懷虛。峻烈煌煌，祥呈鸞鶯；儀修亹亹，饗雜瓊琚。慎思兮物軌，歌咏兮仁居。

迴文

居仁兮咏歌，軌物兮思慎。琚瓊雜饗，亹亹修儀；鶯鸞呈祥，煌煌烈峻。虛懷若谷兮備法明倫，率民惟君兮乘乾出震。《書》《詩》葄枕，德敏民黎；宇宙甄陶，王惟哲浚。蓋長綿之符瑞啓，育教之惠慶通。煌輝乎集冕鶯，炳蔚乎煥鈞鴻。庠下庠上兮澤普，个右个左兮居隆。璋如圭如，豆籩獻拜；矩中規中，儒師敬崇。鳶飛咏而化格，鷺振歌而香焚。天如極峻兮前光後裕，志惟功崇兮五典三墳。傳流之禮隆，有則有典，有守有爲，有黻黼兮生色；溢洋之譽美，自西自東，自南自北，自家國兮流芬。賢臣兮聖主，偃武而修文。夫且冬教《書》而夏教《詩》，秩秩章典；玉用瓚而瓘用斝，雍雍廟朝。溶波藻芹兮轉右旋左，薦香蕭艾兮歌雍樂韶。恭敬惟時，哲則明而聖則睿；範模先蹈，趨爲舜而步爲堯。龍驂兮虎衛，鳳輦兮雲軺。笙吹瑟鼓兮礿禘烝嘗，政布猷宣兮明廉直正。清頌河而晏頌海，管嘒諧聲。慎圖始而敬圖終，裳垂協慶。庚庚册典，抱在虛沖；抑抑儀容，寅惟恭敬。平地成天而化洽，澤沛慈仁；史右圖左而編陳，文敷哲聖。夫成德立功，事乃正斯位乃正；備樂隆禮，臣克艱而後克艱。旌蜺兮肅肅，蓋鳳兮嫻嫻。精惟道而一惟心，化宣德樹；誦學春而弦學夏，儀修詔頒。清澄禮典，固保河山。榮光兮陛殿，洽德兮瀛寰。

擬趙介山殿撰進册賦

霸州田鴻年壽庵

年豐兮物阜，澤布兮猷宣。天地合德而修懋，俊乂登朝而祚延。傳道兮名鼎鼎，重學兮念乾乾。賢興而化敷芹采，士進而爻筮茹連。夫惟聖德昭明，風移俗易；深恩布濩，壤擊衢歌。政出兮之紀之綱，心傾草偃；時順兮若暘若雨，世盛風和。性淑情陶，才多濟濟；仁懷義抱，士選峨峨。正雅兮笙和呦鹿，臨雍兮鼓擊鳴鼉。美才多兮學建，宏規啓兮恩覃。旎旖槐高，雲團古樹。澄清水曲，月印春潭。士得甄陶則詩賡藹藹，人宜樂育則道味醰醰。喜起歌而功惟敘九，環佩集而雅以肄三。齒尚推恩，情怡兮鼓鐘彝鼎；心單訪道，化播兮東西朔南。清時兮昭融，吉日兮和煦。鳴騶以習禮儀，夙駕以嚴趨步。旌旗拂柳而飄風，劍佩迎花而浥露。明道正誼，翩鳳岡鳴。重德尊師，飛龍蹕駐。笙琴奏樂，敬恭以格明神；豆籩薦馨，揚拜以肅瞻顧。牲割而禮大成，爵執而恩宏布。洪基丕丕兮盛德彬彬，宫黌巍巍兮水璧粼粼。隆化而人文啓，正民而士庶甄。通牖户則千百室，集術序則億兆人。東膠遍仰温恭，父事兄事；北極同欽肅敬，民新德新。是由極錫臨軒，功齊鎬洛；賢崇學古，治媲軒羲。翼翼持心而端本，煌煌表德而修儀。國維學而黨維庠，輪美奂美；圖則左而史則右，咏斯陶斯。殖學而經陳筵几，齊政而俗革戎夷。億萬兮年永，同和兮時熙。

迴文

熙時兮和同，永年兮萬億。夷戎革俗而政齊，几筵陳經而學殖。斯陶斯咏，右則史而左則圖；美奂美輪，庠維黨而學維國。儀修而德表煌煌，本端而心持翼翼。羲軒媲治，古學崇賢；洛鎬齊功，軒臨錫極。由是新德新民，敬肅欽同極北；事兄事父，恭温仰遍膠東。人兆億則序術集，室百千則户牖通。甄庶士而民正，啓文人而化隆。粼粼璧水兮巍巍黌宫，彬彬德盛兮丕丕基洪。布宏恩而執爵，成大禮而割牲。顧瞻肅以拜揚，馨薦籩豆；神明格以恭敬，樂奏琴笙。駐蹕龍飛，以步趨嚴以師尊德重。鳴岡鳳翽，誼正道明。露浥而花迎佩劍，風飄而柳拂旂旌。步趨嚴以駕夙，儀禮習以鸎鳴。煦和兮日吉，融昭兮時清。南朔西東兮播化，道訪單心；鼎彝鐘鼓兮怡情，恩推尚齒。三肄以雅而集佩環，九叙惟功而歌起喜。醰醰味道則育樂宜人，藹藹賡詩則陶甄得士。潭春印月，曲水清澄。樹古團雲，高槐旖旎。覃恩兮啓規宏，建學兮多才美。鼉鳴擊鼓兮雍臨，鹿呦和笙兮雅正。峨峨選士，抱義懷仁；濟濟多才，陶情淑性。和風盛世，雨若暘若兮順時；偃草傾心，綱之紀之兮出政。歌衢擊壤，濩布恩洪；易俗移風，明昭德聖。惟夫連茹筮爻而進士，采芹敷化而興賢。乾乾念兮學重，鼎鼎名兮道傳。延祚而朝登乂俊，懋修而德合地天。宣猷兮布澤，阜物兮豐年。

擬趙介山殿撰進册賦

族叔師虞公

風流兮遠被，雨化兮深沾。通溢洋之育教，協作止之莊嚴。中乎睿聖，理綜微纖。同心而黼黻文明，式其金玉；拜手而歌謳喜起，和是梅鹽。崇典學而蹌濟，肅容儀而仰瞻。惟夫體天而昭法象，端極而式寰瀛。禮儀而龍飛協德，詩賡而鳳噦和聲。陛殿聯歡，橋圜屨躡；膠庠普化，篋鼓經横。啓發輝光，三行修而三德備；甄陶邇遠，四教立而四術明。洗盡風俗之榛狉，文修武偃；參詳典章之沿革，治定功成。聖上乃奔駿士而執豆籩，噦鸞車而涖芹藻。尊至則典禮修明，問下而書圖稽考。恩湛乎浹髓，既齊既稷，既匡既敕，既誥誡之中倫；教誨其非心，無反無側，無黨無偏，無頑愚之外道。乾坤兮炳靈，福祉兮定保。言有謨陳，國惟善寶。楚楚衣裳者趨繩而步軌，鏘鏘珮玉者舞後而歌前。吕律調而珠璣按譜，笙管奏而雅頌排編。序西序東，將豆觴之肅穆；庠上庠下，集葆羽之聯翩。茹古涵今兮功崇業廣，征文考獻兮主聖臣賢。非室廬之鄙卑，見棟宇之烜赫。圜周其象若環，轉旋其形如璧。歸其有極，法制備而崇巃；遠乃宏猷，陰陽順以闔闢。巍巍扇而翼翼顯，惠慶施行；肅肅止而雍雍來，威嚴咫尺。蓋方法地而圓法天，禮爲門而義爲路。唐歌虞咏，律協金鐘；矩折規周，輝騰玉輅。裳垂出治，士求弦誦之方；菜釋修儀，人作棟梁之傅。張一弛一兮中正操，小成大成兮綸絲布。光家邦爲憲章，節蘋蘩以趨步。廊廟兮雍和，俊髦兮隆遇。

迴文

遇隆兮髦俊，和雍兮廟廊。步趨以蘩蘋節，章憲爲邦家光。布絲綸兮成大成小，操正中兮一弛一張。傅之梁棟作人，儀修釋菜；方之誦弦求士，治出垂裳。輅玉騰輝，周規折矩；鐘金協律，咏虞歌唐。路爲義而門爲禮，天法圓而地法方。蓋尺咫嚴威，來雍雍而止肅肅；行施慶惠，顯翼翼而扇巍巍。闢闔以順陽陰，猷宏乃遠；隆崇而備制法，極有其歸。璧如形其旋轉，環若象其周圍。赫烜之宇棟見，卑鄙之盧室非。賢臣聖主兮獻考文征，廣業崇功兮今涵古茹。翩聯之羽葆集，下庠上庠；穆肅之觴豆將，東序西序。編排頌雅而奏管笙，譜按璣珠而調律吕。前歌而後舞者玉珮鏘鏘，軌步而繩趨者裳衣楚楚。寶善惟國，陳謨有言。保定兮祉福，靈炳兮坤乾。道外之愚頑，無偏無黨，無側無反，無心非其誨教；倫中之誡誥，既敕既匡，既稷既齊，既髓浹乎湛恩。考稽圖書而下問，明修禮典則至尊。藻芹泣而車鸞噦，籩豆執而士駿奔。乃上聖成功定治，革沿之章典詳參；偃武修文，狉榛之俗風盡洗。明術四而立教四，遠邇陶甄；備德三而修行三，光輝發啓。横經鼓篋，化普庠膠；躡屨圜橋，歡聯殿陛。聲和噦鳳而賡詩，德協飛龍而儀禮。瀛寰式而極端，象法昭而天體。夫惟瞻仰而儀容肅，濟蹌而學典崇。鹽梅是和，起喜謳歌而手拜；玉金其式，明文黻黼而心同。纖微綜理，聖睿乎中。嚴莊之止作協，教育之洋溢通。沾深兮化雨，被遠兮流風。

先兄此賦，原稿久佚。謝氏雖送有刊本，早年爲孟象先姻兄取閲，久假不歸，迷無踪迹。今歲將彙印先兄遺集，雖知有此文，然搜索百端，終無覓處，以爲終成遺憾矣。乃今日偶步街頭，於西單牌樓路側冷攤之故紙堆中發現此册，急購歸補入。雖祇值銅幣廿枚，合銀不過五分，然吾彼時之快，覺驟逅藏鏹亦不啻是，直非言語可以形容矣，亟記以志永樂。

民國十六年重陽前一日元烈記於春明學院胡同寓廬

劉烈婦 二

劉烈婦李氏，武清縣人，適同邑東沽港劉樹修。年二十五，夫殁。家貧無子，烈婦青年守志。值歸寧，其家人勸令改嫁曰：『上無舅姑，下無子嗣，地無立錐，必至凍餒，爲求生計，盍再醮乎？』烈婦聞之，色遽變，曰：『從一而終，古之訓也。請勿復言！』家人陰爲之計，將有成説矣。烈婦微有所聞，曰：『吾將歸奠夫墓。』遂絶粒而死。噫，所謂不可奪志者耶！今春，其族孫嘉瑁爲余道之，深以未獲旌表爲憾。余曰：『烈婦天爵自貴，奚必旌表而始榮哉？』

劉烈婦李氏，閩人，武清東沽港劉錫沛之簉室也。沛少有壯志，讀書十餘載，投筆從戎。前福建督軍李厚基募兵馬廠，聘司文牘，隨營赴閩，以功保縣知事，旋充福建第一軍三旅六團軍需官。李罷職，王永泉聞其賢，委任涵江警察所所長，時民國十二年也。任事一載，納爲李妾。次年七月二十八日，錫沛暴卒，幸有友人范式堂等爲之經理喪務。烈婦哀痛迫切，欲以身殉。因任所無家人，須留以有待，乃函招夫胞叔嘉瑁，并將亡夫歷年積蓄若干，如數聲明，存於某處。至十一月初八日，距夫亡之期百日矣，撫棺痛哭，仰藥以殉，年十八歲。嗚呼！以妾媵之賤而大義昭然，其亦難能而可貴矣。

王烈婦

王烈婦薛氏，霸縣王家場村人，安次王家圈小學校長王福泉之繼配也。年十九歲，于歸。民國九年十月八日，夫以疾歿，含殮畢，烈婦仰藥死。

高烈婦

高烈婦安氏，天津安汝漢之女，武清東沽港高書魁之妻也。少孤苦，三歲失怙，五歲失恃，就養於外祖吴寶璿家。年十七，于歸。事舅姑，以孝聞。和娣姒，篤伉儷，里鄙稱之。民國八年，夫以疫歿，烈婦哀悼逾常，欲以身殉。家人勸以姑老在堂，須留侍養。烈婦節哀奉姑，不復言死。十年，姑卒。烈婦泣告家人曰：『吾事畢矣。嚮之不死者，以有姑在。今姑見背，吾其追隨泉下乎！』蓋已飲藥多時，而不可救矣，年二十有二。

潘烈士事略

天津戴藴璋玉山

歐美、日本人有言：『中國歷史，不名譽之歷史也。』又曰：『中國人無愛國心。』吾聞其言而耻之。耻何在？以爲吾中國開化數千年，爲世界文明鼻祖，竟無一二豪杰進取冒險，揾縷縷之泪，灑滴滴之血，爲吾歷史上增一光明，爲吾民族上施一保護者。故讀一部『二十四史』，忠君者有之，愛國則未也；愛國者有之，保種則未也。今幸矣，潘烈士死矣！吾聞其死，不禁有億萬百千無量數之感想刺激吾腦，使吾始焉而歌，繼焉而泣，終焉而嗚咽，復幡然轉憂爲喜，焚香秉筆，大書特書曰：『大清光緒三十一年十二月某日，游歷日本、舍生愛國之潘宗禮蹈於朝鮮仁川之黄海中。』

潘烈士何人也？吾中國現在界與未來界之代表人也。前乎烈士而生者，不能倡於前；後乎烈士而生者，或將踵其後。故吾觀其精神魄力，勢不得不舉中國現今之大勢而略論之。

潘烈士出現之由來及中國現今之大勢

二十世紀，民族競争之慘劇，弱肉强食、掀天揭地之風潮悉結集於此一點。四十年來，中國與外國交涉，其不得占一優步者，比比然矣。治外之法權不立，自治之主義何存？於是，東西各國於中國政府聯合之説出，借貸之術行，保全之名立，而實展布勢力範圍於我亞東大陸。此而無英雄，吾中國何以立於競争劇烈之舞臺？此而無英雄，吾中國數十年後之問題，益不堪設想。天不忍使吾中國錦綉之山河將乃早生此絶世之人豪。

嗚呼，若而人者，事不必畢，志不必終，身當横流之衝，視死如歸，驚破國人之夢。烈士哉，烈士哉！今日之中國，烏可無烈士其人者？今日之中國，又烏能得盡如烈士其人者！吾竊馨香之，禱祝之。願後之繼起者，體公之心，成公之志，吾中國之杰出焉矣，吾中國之體立焉矣，作《潘烈士事略》。

潘烈士之初志及其幼年時代

同治四年乙丑，金陵初復之次歲，實吾中國一大紀念之年也。而英雄豪杰愛國之潘烈士，即生於是年。烈士諱宗禮，字子寅，更號英伯，世居直隸通州，爲人性情純摯。少時聰敏勤學，專心經史。觀其父喪欲殉，奉母至孝。移孝作忠，已可卜諸他日。乃屢試秋闈不售，遂寄意於詞章書畫，抑抑者將終古矣。及戊戌政變時，乃幡然改途，研究算術、輿地、政治諸學。蓋公早有一絶大目的，以有用之學，留待將來也。庚子之役，見外人創我益鉅，復肆志於各科學。心醉西文，開導同郡之狃安故習者，爲之立教育研究會、閲報處、小學堂、織工廠。每組織一事，必以開民智、興實業爲基礎，殆欲圖變法自强也。時值直隸總督袁公命各州縣選派學紳東游，公以學董應選。噫！是行也，去而求學觀光，歸而建言立事，復我國權，强我民族，在此一舉。公之抱負，當何如也！

嗚呼，公行矣！風蕭蕭兮黄海波，烈士一去兮感情多。何以鑄造一新中國兮，壯吾四千萬方里之山河！

潘烈士之東游及其歸途之結果

公之至日本也，隨所見聞，稱量彼己，慷慨激昂之氣時發現於日記中。蓋十年以來之素志，自審既熟矣，一感觸於日人新民之政略，印於腦中，故其銘湯盤、鑒禹鼎之筆舌，盤旋而不停；其貫星斗、泣風雨之文章，光芒而益上。公之心何心？蓋欲携此一卷日記，以效用於時也。及歸，而舟泊仁川，與諸紳登岸。目擊夫朝鮮臣民受日人驅役，若奴隸牛馬然，莫不相對欷歔。登舟而後，以悲憤不聊，當食竟不能舉箸。以爲國不圖强，無以自存，獨恨吾中國四萬萬人民沈沈昏夢中而不自覺也。乃手草遺書數十條，與其友。友方棋，殊不爲意，棋竟而展閱之，則以身後事相屬之語也。遍覓舟中，不得其人，得遺一履。噫，公蓋蹈海死矣！公之視棄世，猶如棄敝屣乎？抑以中國爲不可爲，而一瞑不視乎？皆非也，公殆以一死警我國人也。『人生自古誰無死，留取丹心照汗青』，此文信國《過零丁洋》句也，吾敢移此以贈烈士！

噫！鬼哭矣，神號矣，怒濤起矣。公以愛國之心，迫不及待，雖粉身碎骨，苟利吾國，且甘之如飴，所不辭也。吾身不能，期諸吾友；吾友不能，期諸吾全國之人。吾惟以一死，留一大紀念，使吾國人激其熱誠，奮其勇氣，立吾國於列强互競之場，俾吾民族雄飛於世界，吾目瞑矣，吾願足矣。吾之靈魂，不且鼓舞歡欣於泉下哉？吁嗟乎，烈士逝矣！化龍飛去，雲水蒼茫；駕鶴歸來，江山寥闊。嗟我同胞，尚其鑒此苦心！

潘烈士之身後及中國之前途

滄溟之海一投，四十一年公歿年四十一。如鏡之理想、如焰之至誠，始耿耿而不滅。老母在堂，公母年七十。幼子在學，公子名智遠，在京測繪學堂。何忍而爲此乎？特以感時憤事，深恐吾國民熙熙太平，沈沈酣睡，而敵已縛而殺之而不知。他日雖有蓋世英雄，挺身拔劍，亦無復立足之舞場。是以警之無可警，待之無可待，萬不得已，乃割慈忍愛，茹恨揮泪，而出於此途。國人而不諒我心也，吾死無愧矣；國人而諒我心也，吾死猶生矣。幸哉，幸哉！成君之志者，固大有人哉！公之死也，學務處會辦盧觀察以尋尸不獲，將其遺書、日記歸呈袁公。袁公擬爲之入奏，先以五百金恤其家。盧公又開追悼會於天津，更擬立石於芝罘、仁川記其事。學部侍郎嚴公影君肖像，遍給直省各學堂，復爲之征文，以闡揚幽隱。之數公者，蓋皆以愛國之誠，贊成盛舉，以激厲國人之志氣也。吾知中國少年志士仁人，將奔走呼號相戒曰：『愛國！愛國！』愛國之聲，震山谷而吞河澤矣。夫而後烈士之死，可以無憾；夫而後中國之前途，可以振興。

結論

嗚呼！天下之盛德大業，孰有過於愛國者乎？吾於此不禁有感矣。中流擊楫，慷慨吞胡；七日哭庭，悲號復楚。國可亡，士不可辱，勁氣逼人；頭可斷，身不可降，丹心貫日。覆舟蹈海，懷世杰之孤忠；取義成仁，吊文山之末路。忠君矣，愛國矣，一家之私事也。加將軍之去國，待時以圖中原；俾斯麥之治民，應運而成霸業。腥風血雨，三杰出而羅馬蘇；羈軛纍囚，一士興而匈國立。愛國矣，保種矣，外人之獨步也。而吾身親見之潘烈士，不且於歷史上放一异彩，於民族上增一特色乎？灑熱血於事前，不至貽悔心於身後。吾國家之幸福，吾國民之幸福，實吾黄色人族之幸福也！茫茫大海，乃吾身歸宿之鄉；莽莽九州，勉諸君匡扶之力。補牢未晚，求艾何遲？國民乎？志士乎？有登車者，吾爲之執鞭以待矣。嗟嗟東西各國，每一年中必有一二日之大祝典，爲國民榮譽之紀念。遠者如美國之七月四日、法之七月十四日，近者如日本之十一月廿六日，皆舉國臚歡，懸燈結彩，使人際其日。忽起優勝劣敗無限之感情，崇拜先民，而益劙滌其涣漫委靡之舊習，增長其英鋭不屈之精神，故數國皆爲强國。今世何世，今時何時，吾國民竟得此人事上一大祝慶典乎？异日者，芝罘憑眺，摩蘚石以銷魂；仁川再經，望崇碑而墮泪。烈士哉！我國民稍有行爲，稍有希望。茫茫對此，感奮何如？

藍出於青

乾隆丙子，紀文達公以扈從道出古北口。偶見旅壁一詩，剥落過半，中有『一水漲喧人語外，萬山青到馬蹄前』二句，公奇賞之。壬午順天鄉試，公充同考官，得朱子潁孝純投詩作贊，則是聯在焉。因嘆針芥之契，果有夙因。後公出督閩學，嚴江舟中賦詩云：『濃似春雲淡似烟，參差緑到大江邊。斜陽流水推篷坐，翠色隨人欲上船。』嘗語子潁，謂此首實從『萬山』句脱胎。人言青出於藍，今日乃藍出於青矣。

劉趙二孝女記

天津戴藴璋玉山

劉孝女蔭貞，天津人，劉承勛之女也，居縣治東門外。民國十七年二月，母疾亟，孝女年十七，割股和藥以進，母疾良瘳。

趙孝女秉貞，武清人，國務院僉事趙敬忱之第三女也。母李淑人早卒，事繼母馬氏，以孝聞。長適同邑郭琴石主政之長子貽誠。十六年正月，父病篤，醫藥罔效。孝女歸寧，刲臂肉療之，疾卒不起。

夫兩孝女之奉親一也，劉之母生，而趙之父死，何哉？昔賀子翼論曹娥叔先雄之故事，謂先雄能出父尸於水，而娥不能。以爲忠孝之事，皆可感天地而動鬼神，然有可必、有不可必者，天地鬼神之所爲不測也。兩孝女亦各行其志，各盡其心而已。至其親壽命之修短，天也，數也，非人力之所能爲也。當此世風日下，綱紀就湮，竟有此割肉奉親之懿行，其有關於世道人心，豈淺鮮哉？嗚呼，可以風矣。

趙孝婦傳

安次孫家彥碩忱

孝婦馬氏，京兆安次人也。父鴻勛，邑諸生，前清旌表孝子，娶同邑舉人黄寶琛之女。孝子殁，黄氏青年守志，朝廷又以節孝旌其門。孝婦幼承母訓，長嫻禮義，適邑人趙允剛，婦德無缺。事孀姑劉氏，先意承志，能得歡心。姑病，百計莫效，孝婦乃刲股和藥以進，姑疾良瘳。夫事親之道，醫不三世，不服其藥，誠以親疾之際，飲食、藥物不可妄進，蓋其慎也。孝婦素奉母教，能讀書，明大義，豈不知此？其乃親病莫愈，焦急萬分，止知有親，不知有身；止知心之所安，不問事之得失。其純誠悱惻之情，足以動天地、泣鬼神，而姑疾卒賴以愈，豈可以常情論哉？世之嫻閫訓、修婦德者，平日事親，未嘗不盡婦職，而稍有切膚之灾，則退縮不前，百端卸責。聞孝婦之風，亦可以興起矣。孝婦生於光緒四年戊寅，殁於中華民國十五年丙寅，享壽四十有八。

欒孝婦

欒孝婦王安人，靜海縣人，天津欒樹堂茂才之妻也。幼穎慧端静，精女工，博綜衆藝，性喜爲文。五歲時，聞兄輩讀書，即往竊聽。父問曰：『讀書何爲？』對曰：『學作好人耳。』授以經，過目輒成誦。所居近城，一日譙樓火，瓦石飛迸，家人皆狂奔，呼之走。甫出户，曰：『倉猝蹂躪中，吾女子豈可以身與耶？』返，閉户，有巨石破窗入，不爲動。長，于歸欒氏。姑殁，厝於郊。夫粤游不得歸，安人乃日刻半餐之資，納撲滿，盈則埋之，積得若干錢，買地以葬。吟咏甚夥，不存稿，惟《南游草》一卷行世。子三，長立寬，庠生；次立敬，武舉人，衛千總；三立本，乾隆癸卯舉人。女適同邑江濤，任廣西思恩府知府。

割肉療夫 二

王淑媛，天津人，名諸生王猩酋先生之女弟也。性貞静，精女紅，適楊柳青鎮齊處士鼎鴻。處士家貧，而廉潔自持，取與不苟。少與兄析産，而兩兄均善治生，家境各裕。處士自食其力，兩兄有薄潤則受之，未嘗一往干也。民國十七年正月，以憂勞致疾。淑媛躬侍湯藥，奉侍惟謹，子女雖多，不使代。稍暇則鬻針黹，費約而製良，人争購之。度日頗有小補，夷然忘其貧也。閏二月初吉，疾益篤，百計調治無效。淑媛割乳旁肉，和羹以進。乃天不佑善，疾卒不起。四月杪，病故。夫夫婦敵體也，而奉事過於子女，其能盡婦職，已不可及，况得天獨厚，知有夫，不知有身？嗚呼，可以爲難矣！彼近世女子，自由離婚，往往有之。觀乎此，其將何以爲情乎？余與齊氏爲葭莩親，知其事較詳，謹述其大略如下。

馬劉氏，安次劉際瑞之女，余從孫婦也。年十七，適侄孫熙玉，性篤實。民國十四年春，夫病，奉侍不遺餘力。數月，疾益篤，延醫弗瘳。劉禱於佛寺，請身代以延夫命，而毫無轉機。乃割肉和藥療之，旋愈。嗚呼，佛詎可以延壽，肉豈可以療病乎？何其愚也！然一念之誠，不惜己身，而至誠格天，夫疾得痊，究非常人所能致。孔子謂甯武子曰『其愚不可及』，余於劉氏亦云。

五老院

青邑董海峰姻丈瀛山，嘉慶己卯解元，庚辰聯捷進士。性方鯁，守正不阿。以部曹考取御史，忠讜敢言，纍官通政使司通政使。有畏友四人：錢塘汪文端公元方、通州白小山侍郎榕，其二人則余忘之矣，年皆半百。每公暇，必集先生寓所，談論經史，時人謂之『五老院』。咸豐辛亥鄉試，子寶瑔、蓴榮兄弟同榜舉人，至今書香能繼其世。

張子承先生事略

安次解翔藻鳳怡

張子承先生曰恩，武清諸生，家饒於資，以性耽繪事，擯科舉事不問。花卉初法惲南田，繼出入青藤、白陽諸家，造詣益精邃。間畫泉石，礌砢嶔崎，伉爽之氣如見。又嘗窮數月之力，繪草蟲一册，皆翳蔽花間草際，伺察真相而得，天趣盎然，曲盡飛翔蠕躍之狀。其戚劉子真大令官歷下，先生客游其間，攬湖山之勝，與諸名士題襟贈縞，極詩酒流連之樂。間出畫箑相貽，而求者遂衆，皆欣然如其意以去。

至鉅卿顯宦，非所許可，雖輦金爲贄，弗屑也。晚年喜畫山水，筆意近大癡。先生并工書法，行楷酷似詒晋主人，爲繪所掩。先生卒於光緒戊申，子緒曾、緒志皆能傳父業，惜次子早亡云。

富而好禮

永清傅海峰明經登瀛，善士也，富而好禮。每值凶年，必周給鄰里，一鄉咸受其賜。家伯薌孝廉時設帳吾鄉，與先生友善。先生嘗謂之曰：『子以硯田代耕者，而門下濟濟。寒士多不具束脩，何以仰事俯畜乎？自今以還，凡力不能脩金者，余爲之代。』後從游者日益多，户外屨爲之滿，學者兩感其德焉。

劉節婦

劉節婦宋氏，安次武生劉本凝之妻也。舅奉璋，官平山縣教諭。嘉慶十一年夫亡，誓以身殉，舅姑力勸乃止。至十七年，舅卒於任所。節婦扶柩歸里，殯葬一切，盡禮盡哀。無子，撫嗣子如己出。年七十一，以節終。同治元年壬戌旌表。

錢塘邵世恩賦詩曰：

垂老翁姑已暮齡，煢然門祚嘆零丁。采蘭晨潔堂前膳，畫荻宵傳帳下經。梭影漸催雙鬢白，機聲常伴一燈青。斑斑血泪知多少，彤管終留晚節馨。

卌年冰蘖味深諳，里鄗今猶著美談。子擅將才韜習六，孫嫻儒術雅歌三。捋荼誰識婆心苦，啖蔗方知老境甘。綽楔巍然泉壤慰，褒封更荷聖恩覃。

金匱侯家麟：

大節真無忝，堂堂女丈夫。奮身兼子職，忍死撫遺孤。嫠緯宵機冷，貞心井水枯。終能邀曠典，旌恤慰勤劬。

張節婦

張節婦馬氏，余族叔高祖德滋公之女也，適霸邑東段村張玉成。年二十四，夫故，矢志守節。善治家，克勤克儉，數十年如一日。既老，薄有積蓄。值張氏族中建宗祠，捐資助修三楹。又購常稔田十二畝，以備祭祀，族鄗稱之。年七十一，以節終。

清光緒二年旌表。

趙節婦

趙節婦馬氏，余族叔祖普雲公之女，適武清王慶坨鎮趙廷芳。于歸十一年，夫故，時清光緒五年也。節婦年二十九，篤志守節，奉養舅姑，竭誠盡劬，備嘗艱苦。撫夫兄子沛霖爲己子，愛如己出，教有義方，爲武邑知名士，鄉里榮之。宣統三年旌表，民國十五年卒，春秋七十有七。

族叔母張孺人節義孝行紀略

王秋星球

族叔母張孺人，年十六于歸族叔恩光公。逾二年，生子才數月，恩光公以落魄遠游，無踪迹。或見之新疆，遂不歸，亦終無信問也。孺人撫兒養姑。姑卒，兒亦旋殤，孺人無所依。恩光公有叔父者慶公、叔母高氏，無子而別居；又有叔祖丕訓公、叔祖母安氏，亦無子而別居。者慶公嘗從軍遠出，丕訓公夫婦年耄，知高氏不肯相依養也，乃召孺人而諭之曰：『汝能終養吾夫婦者，此薄田敝廬、絲衣兩篋皆汝有，勿復讓與叔翁姑矣。』孺人笑應之。竭力養二老，丕訓公年至八十六。安氏年老惛憒，遺矢床席，孺人手拂拭之，如育嬰兒，故安氏得所養，年至九十五乃卒。孺人孑身治喪，衰麻應賓吊，禮數悉備。

二老既歿，而耆慶公、高氏乃來入室而補二老之缺，據田廬、衣服、什器，享其所有。孺人不校不拒，而敬之養之，宛若事翁姑。耆慶公夫婦每食必异粻，孺人晨夕問所欲，豢豕執醬，供奉如祭考妣，己則獨食粗糲。積久習慣，而耆慶公夫婦處之泰然。有時加以詬詈，加以陵侮，孺人忍耐之，忘其爲非翁姑，且并忘其不肯先事叔翁姑，而今特以叔翁姑來稱尊也。耆慶公喜食肉，嘗患熱痢，卧而遺。孺人理污穢，晝夜侍湯藥。高氏則衣新衣，靚妝，袖手而坐視之：一切服役，毫不分任。蓋孺人勇於擔負勞苦，不欲他人分任也。孺人服事繁忙，無暇晷，然猶夜績麻，所居室充棟盈宇皆麻縷。得值，助甘旨，或以周鄰人，竟無存蓄，且嘗爲他人代負債。高氏則私有積金，悉以付托親近，爲乾没者所揮霍，不能聲，孺人亦不問也。高氏有姨甥女，及鄰人婦，皆愛如己女。孺人亦愛之，以歡高氏心。及高氏卒後，猶往來不絕。孺人博愛而任勞，亦天性也。

庚子之亂，族小叔恩誠者，在津中流彈，舁歸，垂斃矣。孺人置之薪厦中，將息之。時方炎夏，創腐臭，蛆蟲生焉。孺人拔髻上簪，爲之搜剔其創中蛆，且數日必爲一理其髮虱。高氏及鄰人皆掩鼻而過之也。

民國四年，者慶公年七十九卒。民國十九年，高氏年七十八卒。孺人侍疾治喪，勤劬又倍於前二老。自光緒中者慶公、高氏來并産就養，至歿凡三十餘年，人咸謂有兒婦者不能逮也。

孺人仁厚性成，而追遠之意尤篤。自秋曾祖由楊柳青遷王慶坨，因葬新田，楊柳青族人少，每寒食、孟冬，秋祖父必往祭墓。秋父遵其例，或偶一不往，至秋等則偶一往矣。修理墳墓，惟孺人最加意，必躬親督工。近年老，猶扶杖躄躄而前，不肯輟。秋與弟翮每言及，愧汗不能爲情。時一看孺人，進一食，孺人必曰『以祭祖』；留一金，孺人必曰『以修墓』。嘗謂秋等：『吾王氏舊書，汝兄弟讀之；吾王氏祖墓，汝兄弟祭之。吾王氏有人矣，吾何憾焉！』孺人今年七十一，猶强健。衣履、髮髻，自同治間初嫁時，迄老不少變。秋等欲迎養，不肯，曰：『吾王氏舊第家門，吾當以死守不移也。』民國十七年五月王秋記。

許節婦

寧河邵映儒

節婦張氏，寧邑新河許芝芳之妻也。光緒丁酉，節婦年十八，歸於芝芳。未及帀月，而芝芳以疾殁，此邑人相傳爲許節婦者也。

余家濟運河上之小留莊，距新河七十餘里。戚友中有自新河來者，輒稱道許節婦之爲人，相與咨嗟嘆息。余時尚少，雖不盡悉節婦事迹，固已心焉識之矣。今歲，余來新校，擔任講席。暇嘗與同事張君談及邑中節孝事，因得從容訪問所傳許節婦者。乃知節婦即張子芬之堂姊，而校董許芝香之弟婦也，由是始得盡悉節婦平生詳細。雖他人與芝香不協者，及道節婦事，亦莫不極加贊許，而欽敬之色溢於眉宇間。并云節婦自歸於許之五日，芝芳遂出商於外。及芝芳以暴疾卒，而節婦方在母家，聞耗悲號，欲以身殉者數矣。姑年已老，愛節婦甚，哀幼子既殁，又憐新婦之志決，意甚慘也。節婦年雖少，頗識禮義，念所天既夭，又恐以己故，重傷姑心，遂不忍堅持殉志。殯葬畢，操作如尋常。芝香感節婦年少而有特操，視之如胞姊妹，每事供給，未嘗有缺乏也。嗚呼，以年弱女子，嫁未旬日而夫離，離未帀月而夫死，雖使再適，人孰得而非之？而竟含悲茹苦者三十餘年，非鐵石其心者，曷能若此？然則推其節操所及，可以勵士節，可以昭婦守，可以振末俗，可以挽頽風。夫豈區區傳聞於一鄉一邑之人也哉？

朝陽姚烈婦墓表

金肇

距朝陽縣治二十里曰某村，有烈婦墓焉。烈婦姓趙氏，灤陽人，順天姚玉亭妻也。玉亭少孤，家貧，嘗客游，烈婦相從。雖在顛沛中，能敬禮不怠。光緒二十九年五月，玉亭客朝陽，遘疾。烈婦百計醫療不效，延至九月某日卒，婦遂仰藥死。嗚呼，可謂烈矣！人情莫不好生而惡死，假令烈婦不即死，濡忍以終，而世猶將憐之，誰復議其非者？烈婦獨能持從夫之義，毅然身殉，不忍須臾苟活，其節烈何如哉？今夫殺身成仁，求之士大夫，尚不可多得，而況出之巾幗乎？近世風俗日偷，三綱淪斁，一聞至性至情之行，非詆爲迂，即嗤爲愚，儼如苟合於野田草露之間，人盡可夫，廉耻道喪。聞烈婦之風，庶幾挽頽風而振薄俗哉！烈婦卒後，遺一女，纔十齡，流離患難，幾遭匪人手。朝陽曹燕賓聞而憐之，聘爲子婦，又爲烈婦廣征詩文，以謀不朽。嗟乎，節烈感人之深，果有天壤，世甯無君子者乎？予既重烈婦之行，又多燕賓之義，因書以遺曹氏，俾碣於墓，使後人有所觀感焉。歲次丙辰十一月二十日會稽金鞏表。

族叔祖樸庵公事略

族叔祖樸庵公，家素封，性忠直，事繼母以孝聞。凡有義舉，必爲之倡。清光緒庚子之變，聯軍屢過吾鄉，公捐巨資供應之，一鄉安堵如故。中歲習醫，有求診視者，風雨無阻，兼施藥餌，以濟貧寒。吾鄉東北，地勢卑下，每值三伏，積水成渠，行人苦之。民國十年辛酉，公倡修普濟橋，以利交通。十五年丙寅，兵災之後，繼以水患，安武一帶，土匪四起。公募勇團練，以衛桑梓，匪不敢犯。十一月某日，嘯歌自適，以無疾終，春秋六十有二。鄉人爲建功德碑。

安次馬樸庵先生功德碑 前無極縣知事劉賡垚

公諱棫，字樸庵，京兆安次馬氏。馬氏族望素著，自明初歷清季，代有顯者。家尤素封，公獨樸素若寒士。性至孝，宦情甚淡，日侍親側，菽水承歡。考取國史施藥濟衆，數十年如一日。至建橋、募勇，爲桑梓計，至深且久，其功德在人心，至今不忘也。群議勒諸貞珉，以垂永久，乃爲銘曰：

雖顔曾世，莫稱有兼人之才，不如一技之精。體質淵懿，仁孝性成。蓋世才華，不以自精。百無一可，而始以醫名。活人活世，普渡衆生。杏林盈畝，葱鬱佳城。將千秋而萬歲兮，常留和緩之名。

中華民國十六年歲次丁卯夏四月

清廣西岑溪縣知縣崔公傳

安次張國士少韓

崔樹基，字允滋，例贈文林郎庠生振德長子。總角時，遭母馮太孺人之變，哀毁骨立，遂膺痼疾。其父爲堂上旨甘計，薄游山左。樹基隨侍於邱縣官舍，讀書益自刻苦。時追念母氏，輒隱泣。泣已，復讀，因而疾益加劇。

一日雨後，游署中别院，見三卵有五色光，异之，拾歸。夜夢人告曰：『此龍卵也。』寤乃吞之，遂覺精神焕發，疾若失，由是才思倍進。丙子旋里，應童子試，州、府、院三試皆第一。戊寅科試，擢高等。是秋遂舉於鄉，以館穀佐其父養贍合家數百指，己雖衣不蔽體，弗恤也。

甲申，其父由山西歸，樹基晝必侍食，夜必同寢。其父笑曰：『汝既抱子矣，何似乳哺兒，不能頃刻免懷耶？』乙酉，丁父憂。懼不克終葬事，日夜悲泣。居停姚亦廉感之，慨借數十金，殯葬得無遺憾。己亥，選肥鄉教諭，在任十三載，以《薛文清公讀書録》《孫夏峰先生全集》《湯文正公遺書》爲教。諸生互相戒：『毋爲不肖，恐無面見吾師也。』癸丑，截取選廣西岑溪令。時奥逆肆擾，道途梗塞，皆勸其勿行。樹基毅然曰：『太平食禄，臨難引身，安用此臣子爲也！』獨携次子資厚起程。沿途屢陷賊中，資斧盡喪，瀕死者數矣。會有天幸，得乘間脱身走。抵桂林，勞辛階撫軍指所持部憑曰：『辛苦賊中來，此憑不減當年蘇武節也。』派隨按察使張公敬修赴援梧州，樹基司糧運，連接七十餘仗，乃至梧，梧州城圍頓解。而東省肇慶猶爲賊據，路梗糧不能至。其族叔同人公時官東藩，樹基作書，言兩省相唇齒，西軍飢疲，非資東省餉，不克合兵會剿。作蠟書，遣敢死士達於東。同人公得書，請於葉崑臣制府，遂合兵克復肇慶。乃隨軍至東省，時同人公卒於官，樹基亦病作，乃解組歸。

當其在軍中也，官軍時或失利，賊船蜂擁至，人皆失措。樹基乃秉燭吟詩，禱於江。每篇成，輒朗誦而焚之。資厚失色諫，謂恐賊聞。曰：『吾正欲賊聞以褫其魄耳。』然卒亦無恙，殆若有神佑焉。旋里，仍以舌耕糊口。謂伊川先生有云：『讀書未見意趣，必不樂學。』乃作詩，略言灑掃應對事長之節，使童子歌之。後復推之性理，及古今嘉言懿行，爲詩數百首，聞者皆有興起之機焉。逮庚午以病卒，年七十八歲。子三人，皆著聲於庠，能不墜先業。

李永昆修墓

族侄樹幟右武

河間李永昆，性篤厚，幼喪母。歲饑，隨其父與伯父流落吾鄉，爲人傭作，三十餘年。父與伯俱故，伯母已老，從弟游蕩，不能奉養。永昆稍有積資，常常奉以米鹽。凡鄉之孤墳，無後人祭掃者，寒食節必爲修墓，懸挂紙錢，數十年無倦色。一日，正於村西修理荒墓，有人自西來，詢其姓名，再拜稽首曰：『吾霸州臺山村韓氏子，親故，無力還鄉，葬於此地。子之高誼，没齒難忘。』言畢，涕泣而去。農家者流，有此善行，其亦難能而可貴矣。

東壁淵通

崔武承先生述，號東壁，直隸大名人，清乾隆二十七年舉人。嘉慶元年，授羅源知縣。武弁多藉海寇邀功，誣商船爲盜，先生屢平反之。於是奸徒控其擅釋巨盜，臺使者故知先生，得免議。四年，調上杭。關稅向贏數千金，先生悉解充緝盜公費。未幾，投劾歸。

著書三十四種，而《考信録》一書，尤生平心力所專注。其《上古考信録》二卷，謂《易傳》僅溯至伏羲，《春秋傳》僅溯至黃帝，不應後人所知反詳於古人。凡《緯書》所云『十紀』，《史記》所云『天皇』『地皇』『人皇』皆妄也。謂龍負圖出《緯書》，乃方士之言。謂庖羲非太皞，神農非炎帝，以五行配五帝，乃陰陽家言。謂楊、墨欲高於儒者，故稱述上古，以求加於唐虞三代之上。凡稱引上古，多异端假托之言，不可爲實事。謂上古各君其國，各子其民，有聖人出，則天下尊之爲帝，既没則已焉。自唐虞而後有禪，自夏商而後有繼，不可以後世之事例上古。

其《唐虞考信録》四卷，謂舜事統於堯，古但有《堯典》，今本割『愼徽五典』以下爲《舜典》始於齊代姚方興，其謬有三。謂堯非帝嚳子，堯之德能協和萬邦，故天下歸之，非藉父兄之業。謂『歷數在躬』非聖人之言，圣人豈有置人事不言，而以歷數爲據，使後世闇干者藉爲口實乎？謂舜以前未有州，舜始設之，故曰『肇十有二州』，其後水患既平，乃并其三而爲九。《僞孔傳》謂禹別九州之後，舜改爲十二州者謬。謂舜竄三苗於三危，何以復命禹征之？何以舜之德久不能格，舞干羽而七旬遂格？此僞書采《韓詩外傳》而增飾之耳。

其《夏商考信録》四卷，謂彭蠡別一地，非鄱陽。彭蠡自在江北，爲漢水所匯。鄭樵以『東匯澤爲彭蠡，東爲北江入於海』十三字爲衍文，固謬；朱子、蔡傳不疑以鄱陽爲彭蠡之誤，而反疑經爲誤，亦非。謂庭堅非皋陶，當是兩人。謂《胤征》乃僞書，羲和廢職，黜之可也，何必興師？且羲和黨羿，羿必助之，仲康安能征之？至六卿分掌六師，《甘誓》所記甚明；自《周官》始言司馬掌六師，而僞書《周官篇》因之，夏時必無是語也。謂奡蕩舟非陸地行舟，乃力能摇斟尋之舟，而覆之也。謂玄鳥生商，當從《毛傳》春分玄鳥至，祈於郊禖而生契，不當從《史記》吞鳥卵之説。謂《湯誓》言率割夏邑，則知夏之政不行於諸侯。言夏罪其如台，則知桀不能囚湯，湯固未嘗立桀之朝，爲桀之臣也。謂外丙仲壬，當從《孟子》，不當從《僞孔傳》削去外丙仲壬兩代，程子、胡氏之説皆謬。謂祖甲乃武丁子，非太甲，當從馬、鄭。

其《豐鎬考信録》八卷，謂夏、商、周未有號爲某公者。公亶父相連成文，猶所謂公劉公非公叔類也。古公亶父，猶言昔公亶父也。謂太王流離播遷之不暇，何暇謀商？《閟宫》詩語夸誕，僖公乞師於楚以伐齊，而此詩反謂『荆舒是懲』，則『翦商』一語，豈可信以爲實？謂齊魯韓三家，皆以《關雎》爲康王時詩。《關雎》取興河洲，而岐陽距河絶遠。况序但言后妃，未指爲何王之后，安得據一言而廢三家之説乎？謂周立國於岐，與商無涉。文王未嘗立於紂之朝，所謂服事殷者，不過玉帛皮馬，卑禮以奉之耳，非委贄而立於其朝也。謂文王羑里之厄，詩書不言，《論語》《孟子》亦不言，至《易傳》始言之。《易傳》本非孔子所作，是以汲冢《周易》有陰陽篇而無《十翼》，即所云大難，亦未言爲何難。謂武王牧野以前，其事殷之心，與文王不异，孔子言周之德。周者，文武之統稱。况上文所記者，武王之言，以爲論武而兼文則可，若以爲專論文而不及武，則上下文不相屬矣。謂僞《泰誓》云，惟十有三年春，不書月而反書時，《尚書》有是文體乎？又云惟戊午王次於河朔，蒙日於時，而反無月。不特《尚書》，即《春秋》亦無此文體也。謂周介戎狄之間，乃商政所不及。至寖昌寖大，又商所不能臣。紂與文武，原無君臣之分，但爲名號正朔所在，故論文武者，但問其實爲紂臣與否，而不必問其伐商不伐商。

果君臣也，則曹操雖不篡漢，而罪與丕無殊。非君臣也，則武王雖伐商，而至德與文王不异。『雖有周親』二句，承『周有大賚』而言，言周雖有親戚，不敵善人，故大賚之也。上句指周武王，下句周豈可指紂？謂唐叔乃成王母弟，周公之東也。唐叔實往歸禾，則成王非幼明矣。蓋成王居喪，不言周公以冢宰聽政。後人但聞周公攝政，遂誤以成王爲幼耳。謂管蔡二叔以殷畔，漢以前皆不言霍叔。至晋皇甫謐，始稱監殷有管蔡霍三叔，而僞《尚書》采之。謂微子之命，難於措辭，而語皆通套，其僞尤易明。謂《儀禮》非周公之制，古禮臣拜君於堂下，雖君有命，仍拜畢乃升。今《儀禮》君辭之，乃升。成拜，是拜上非拜下矣。古者公之下不得復有公，今《儀禮》諸侯之臣，所謂諸公者，是春秋之末，大夫僭也。覲禮，大禮也。聘禮，小禮也。今《儀禮》聘禮之詳，反十倍於覲禮。蓋周衰覲禮缺失，而聘禮通行故也。王穆后崩，太子壽卒，晋叔向曰：『王一歲而有三年之喪二焉。』今《儀禮·喪服》篇，爲妻期年，果周公所制之禮，叔向豈有不知？何以所言喪服與《儀禮》迥异？且十七篇多係士禮，而文繁物奢已如此，然則此書之作，當在周末文勝之時。周公所制，必不如是。謂《周禮》條理詳備，然以爲周公所作，亦非也。《書》曰：『弼成五服，至於五千。』《孟子》曰：『海内之地，方千里者九。』今《周禮》封國，諸公方五百里，侯方四百里，伯三百里，子二百里，男百里。天子邦畿之外分九畿，畿每面五百。海内安得如許地，而封之畿之耶？古者建國，必本大而末小。今《周禮》天子之地，僅四諸公，而諸公之地，乃廿五倍於男，正賈誼所謂脛大如腰，指大如股者，是豈先王之法制乎？《孟子》其實皆什一也，《公羊》曰什一者，天下之中正也。今《周禮》乃云：『遠郊二十而三，甸、稍、縣都皆無過十二。』其非周公之法明矣。《孟子》曰『廛無夫里之布』，是正賦之外，無課於民者。今《周禮》使不毛者、無職事者，出夫里之布，其非周公之法又明矣。古者止有一郊，祭天乃如郊，祭地則如社。今《周禮》云『祭天南郊，祭地北郊』，果爾則周公於洛，何以一郊則兼祭天地，且南北郊亦不當同日？《春秋》書郊凡九，皆但書郊，果有南北兩郊，不應混而同之。謂共和者，因周、召二相和衷共攝而稱之，以爲共伯和者謬。謂龍漦事，荒誕不足信。謂伯夷叔齊無扣馬諫伐紂事，避紂故餓，餓故思養而歸於周。《論語》但言餓於首陽，不言餓死於首陽。蓋战國時楊、墨横議，常非堯舜、薄湯武，以快其私。毀堯則托諸許由，毀禹則托諸子高，毀孔子則托諸老聃，毀武王則托諸伯夷。太史公尊黄老，故好采异端雜説。學者但當信論孟，不當信《史記》。

其《洙泗考信録》四卷、《餘録》三卷，謂今《論語》非孔門《論語》之原本，亦非漢初魯論之舊本。《齊論語》章句多於魯論，是齊魯互异也。張禹本授魯論，晚講齊論，後删而合之，號張侯論。然則今之《論語》，乃張禹所更定也。禹但知媚王氏以保富貴耳，何足以知《論語》？其不當删而删，不當采而采，蓋不少矣。如《公山》《佛肸》兩章，蓋戰國之士顧自便其私，故誣聖人以自解，而張禹誤采之。夫佛肸叛，乃趙襄子時事，其時孔子已卒矣，何往之有？此誣聖人之大者也。謂《孔子家語》原書已佚，今之《家語》乃魏晋間人雜取子史中孔子事迹，增益而成者。謂孔子事見於异端雜説者，人猶不信，至《世家》及《家語》載之，而人始信之矣。至孔子年譜則又采之《世家》《家語》及諸雜説者，其謬尤甚。謂《左傳》言孔子相者，相禮也，非相國也，《史記》誤以爲相國之相。謂匡爲宋邑，似畏匡過宋，本一事。『匡人其如予何』『桓魋其如予何』似一時一事之言，記者小异耳。謂孔子無删詩書之事，先儒以《春秋》爲托南面之權，行黜陟之事，其説亦非。蓋《春秋》所關者，天下之治亂。所正者，天下之名分。不可仍以諸侯之史目之，故曰『天子之事耳』。《春秋》得孔子修之，則善不待褒而自見，惡不待貶而自明，大義懍然，功罪昭著，故曰『成《春秋》而亂臣賊子懼』。謂孔子所謂一貫，曾子以爲忠恕，是即忠恕也。先儒釋之曰一理渾然者，果何物乎？從曾子之言，則學者皆有所持循。從宋儒之言，則聖道反入於虚杳。吾寧從曾子，不敢從宋儒也。謂南容非南宫敬叔，以爲一人，其誤有六，語詳本書。謂《論語》左丘明非作傳之左丘明，作傳之左丘明未嘗親炙孔子，劉歆謂親見夫子，無所據。

其《論語餘説》一卷，謂天下之理，皆寓於事，非聞見閲歷不能知，故聖人教人，多聞擇善而從之，多見而識之。曰：『我非生而知之者，好古，敏以求之者也。』又曰：『以思無益，不如學也。』至宋儒始好以窮理爲説，以静坐爲功，以明心見性爲道，然則聖人何爲教人多聞多見乎？

其《孟子事實録》二卷，謂孟子至梁，不在惠王三十五年，當在後元十二年，襄陵既敗之後。蓋惠王三十七年，始僭稱王。惟既稱王，故孟子稱之曰王。惟既敗，故有喪地之語。謂後人疑孟子當尊周室，不當勸齊梁行王政。不知周顯王時，周已失國。至東周西周君，判爲兩國，已降同諸侯。是時民困已極，孟子急欲救民，故勉以王政保民之事，此時而責以尊周，是不識時務而妄議也。

其《三代正朔考》一卷，謂孔子修《春秋》以尊王室，斷無改本朝正朔之理。王正月，即周正月也。謂三正并行於侯國，列國自用其曆，聖王不强使從己，故周十二月，卜偃謂之十月。周三月，絳老人謂之正月。可見周用周正，晋自用夏正也。

其《三代經界考》一卷，謂聖王治天下，惟期安民，必不紛更以擾民。夏貢、殷助、周徹，各因其宜。至諸侯之國，各仍其舊。公劉當夏殷之際，而徹田爲糧，可知夏殷貢助，不盡行於天下也。謂方田法，田不盡方，而算自方。井田之制，亦若是耳。

其《禘祀通考》一卷，謂禘見於《春秋》者二：閔二年，吉禘於莊公；僖八年，禘於太廟。觀此則太廟群廟皆有禘器，非祭始祖所自出之帝也。禘見於《左傳》者三，昭十五年將禘於武公，二十五年將禘於襄公，定八年禘於僖公。此三事皆禘群廟，非祭始祖所自出也。禘見於《論語》者二，所以不欲觀，所以不答或問之故，皆無明文。禘見於《王制》《禮運》《郊特牲》《明堂位》《祭統》《祭義》，皆無祭始祖所自出之説。加始字於祖之上，其誤始於趙匡。謂《國語》多自相矛盾，不足據。即據《國語》禘嚳之文，亦以其有功而祭，非以其爲始祖所自出而祭也。《祭法》一篇，出於漢儒，蓋襲《國語》之文，其謬有三。

其《讀風偶識》四卷，謂齊魯韓毛均出於漢，三家之詩雖亡，然見於漢人引述者有之，與今《詩序》互异。豈毛詩獨可信，而齊魯韓皆不可信耶？謂前人以《詩序》爲子夏、毛公所作，非有實據，而衛宏作《詩序》則《後漢書》皆有明文。夫申公說詩，疑者不傳。衛宏在後，何以每篇皆能悉其爲某人之事？謂風、雅、南皆詩之體。江、沱、汝、漢皆在岐州之東，不當言化自北而南。

其《古文尚書辨僞》二卷，謂東漢而後，杜林、賈逵、馬融、鄭玄傳《古文尚書》皆止二十九篇。《史記》所引《尚書》皆二十九篇之文，并無今書二十五篇一語。謂後人尊僞書不敢廢者，以人心道心數語爲宋以來理學諸儒所宗也。不知危微二語出《荀子》。荀子凡引《詩》《書》皆稱詩云、書云，獨此稱道經曰。人心之危，道心之微，危則知荀子所見秦火以前之《尚書》無危微二語也。

先生之學，考據詳明如漢儒，而未嘗墨守舊説而不求其心之安；辨析精微如宋儒，而未嘗空談虛理而不核乎事之實。山陽汪文端序稱『其書爲古今不可無之書，其功爲世儒不可及之功』，其心折如此。先生卒於嘉慶二十一年，年七十有七。弟子陳履和，雲南石屏舉人，遇先生於京邸，見《考信録》，即執弟子禮。先生殁，爲刊其遺書。

蔡觀察二姬傳

文安蔡如梁東軒

二姬，一小字金環，一小字秀蘿，并王氏而不同宗族。其他事迹始末無一异者，直一人而已。今并叙之，不復析別。

二姬生於光緒六年，籍隸文安。家世素清白，而甚寒微。歸同邑蔡觀察爲側室，是時年十有五。美姿儀，而喜樸素，不事塗澤。氣牲沈峻，言動不苟，不似少年巾幗人也。

觀察太夫人持家政，嚴於禮法。二姬執妾道，奉事惟謹。數年之間，譴責未嘗及。其事嫡夫人，及接同室，皆卑遜有禮。以是家室融融，無纖毫怨妒。

觀察別姬有王氏者，與二姬相愛尤篤。王氏生一子，二姬無所出，而待其子恩勤如己出。觀察宦游山左，二姬嘗從之輔理內事，敏達逾於老成。光緒二十三年，觀察携諸姬歸省親，其明年夏四月，以病卒於家。方觀察疾篤，指諸姬謂其嫡子曰：『吾歿後，令若輩守吾喪。以待服闋，去留聽其自擇。願去者，汝毋得止之；願留者，汝毋得驅之。』言未畢，二姬同聲號泣曰：『當偕君逝，毋以妾輩遺九泉顧慮也。』觀察注視二姬良久，曰：『噫，吾以區區金幣致汝等，更有何德而令汝等以死報耶？』二姬尚欲有言，而悲極梗咽，不復能出聲矣。觀察卒後，二姬哀毀亦不大异於人，而絕粒纍日。舉室力勸進食，則婉言以病謝。强食之，輒咯咯焉復吐。其嫡子菡爲之陳以通義，冀其漸有轉念，二姬意終不解。初王氏與二姬同寢室，感二姬之義，亦將效其所爲。二姬謂之曰：『同志奚必同行？汝有子，尚有撫育之責，與我兩人异也。其慎自保攝，勿家他志。』二姬又委曲詭辭，得與王氏异室居。至是月二十二日夜分，二姬同時卒，距觀察之卒，旬日耳，年十有八。觀察諱浚源，字監荃，原官山東候補道。

孝婦一

文安劉孝婦崔氏，劉森之妻也，剛直有膽。家貧，事舅姑至孝。森素柔懦。同治元年正月，舅廷邦爲族人劉禄毆斃，控於邑宰。禄以健訟故，罪得減，判充永軍。越數年逃歸，恃其强，譎肆行鄉里。森無可如何，崔激之曰：『君亦人子也，父仇未復，何以生爲？』森聞言，奮然持杖往，崔亦執擣衣杵以從，共毆禄，立斃，時同治九年十月也。森自首於官，邑宰爲諶命年，義其人，擬減其罪。赴省覆審，將行，崔曰：『君復仇，幸矣！二子成童，勿以妾爲念。』森抵保定，病故。崔自夫去，無以爲生，遂與子傭工於武都司家。武寄居大城王家口，隨赴河間任，多日始得夫亡耗，辭主人以尋夫骨事。武夙好義，告之曰：『清苑令楊公，余鄉人也，余賜錢二十緡，飭役導至叢冢。幸墓有磚鐫夫名，以枯骨難辨，嚙子指，血沁入骨，信之，負而歸葬焉。子二：金成、順成，力田奉母，至今家道稱小康焉。崔年逾八十，以節終。其鄰人劉君正煜親爲余言，文邑重修縣志未載，故録於此，以彰孝行云。

爲汝上一書，庶此事易爲力。』崔拜謝，携子往。楊得書，賢之，獎以銀牌，

孝婦二

大城任孝婦李氏，任退庵之妻也。事姑至孝，光緒十六年，姑張氏病篤，李割臂肉和藥療之，病尋愈。癸丑七月，李病故。邑人郝西園茂才銘其墓，其詞曰：

同邑任君退庵，余戚也。其婦姓李氏，爲静海名族。年及笄，歸於任。有姑張氏在堂，晨昏定省罔弗至。光緒十六年，張病彌留，殆不起。李割臂肉，和藥以進，病尋愈。夫臂肉寧遽能療痼疾，無乃一念之精誠所致歟！張愈後，詢厥由，李飾詞以對，并掩護其臂綦嚴，殆不欲姑知之，更不欲外人知也。厥後余有所聞，叩諸退庵良確，不覺憮然感喟，津津然樂道之。客曰：『割肉傷生，子胡樂道之以爲家人勸，并爲里人勸耶？』余葉拱對曰：『王道不外人情。伊古忠臣孝子，捨其身爲君

親者，均出於情之不自已，姑婦之間奚异焉？』客心服而退。

李殁於民國二年七月十二日，壽七十。其哲嗣某請志諸石，以彰母氏之孝。余以此事關風化，爰敬志其顛末，以勸世之事親者。銘曰：

有婦李氏侍病姑，姑病且殆窮醫巫。愛親不愛己肌膚，割肉和藥血染襦。姑病尋愈不用扶，一誠所感若鼓桴。傷生之戒出先儒，拘文牽義無乃迂。

孝婦三

梁孝婦，河間人，年十九而寡。歷盡艱苦，爲祖翁娶繼室，生子，以延宗祀。且撫孤成立，舉孝廉，其亦難能可貴矣。家著義比部爲作《梁節孝傳》，録於此：

潞河徐廷璧，漢軍人，老伶工也。少事醇邸，充護衛，賞五品翎頂。今燕都工崑曲者，推爲泰斗焉。酒酣耳熱，談升平遺事，不減唐之李龜年也。光緒十七年秋九月，嘗過河間，見有發喪者，喪儀極盛，觀者塞途。執紼者約五十歲，麻冠素服，大聲哭兒。心异之，思詢其故，遂留不去。適囊空，乃質瑪瑙烟筒，得錢投宿。叩之逆旅主人，則云：『梁孝廉葬其侄婦也。梁氏世居城外廿里之某莊，距詩經村八里許，富厚甲於鄉。昔年大疫，全家三十一口染疫，死者廿有九人焉，僅存六十衰翁及其十九歲孫婦。翁憫其孫婦年少，又無子嗣可撫也，擬畀以財產之半，勸其再醮。婦不懌，曰：「惡是何言哉？人生所須者，衣食。吾家良田近百頃，何虞衣食之不贍？婦女所尚者，從一。夫亡豈能再嫁？翁無子，婦即子。婦盡子職終天年，願斯足矣。奠必以有夫爲樂乎？」翁以婦矢志堅決，自是遂不復言。居久之，一日婦告翁曰：「兒悶甚，思自舂米以釋悶，乞翁爲負斗穀。」翁曰：「有傭婦在，何必須衰翁耶？」固請之，翁乃負斗穀往返數十武，行履殊健。婦私喜曰：「嘗聞力能負斗穅者，即有立後之望，吾計得矣。」於是亟謀爲翁再娶。比新婦將入門，始白於翁。翁初不以爲然，曰：「吾老矣，尚作此缺德事乎？」婦曰：「米已成飯矣，請翁毋固執。」居年餘，生一子，即孝廉也。孝廉二齡而翁歿，後其母不能守，固求下堂去。婦既葬翁，乃割財產之半遍畀梁氏戚族，且正色言曰：「保兹一塊肉，以延梁氏宗祀，婦之責也。吾將從權嚴撫之，以冀其有成焉。」衆唯唯。稍長，爲之延師課讀。督責之嚴，無异母之於子。初孝廉入泮時，猶不知婦爲其侄婦，婦猶安受其賀。迨孝廉登賢書日，再向婦賀之，婦始慨然曰：「止止，汝吾之夫叔也。曩之權行母教者，所以望之成名也。公今成名矣，婦責任盡矣。正名爲先，焉敢再受長者拜乎？」孝廉始悟婦爲侄婦，而非其母也，爲之感泣久之。婦壽七十餘，以節終。孝廉躬行執紼，以報其德云。』

徐又云：『婦尹氏，夫名玉瑱，其里居則忘之矣。』附記之以俟考焉。

王氏刊書

王文泉先生灝，定州世家也。同治癸酉舉於鄉，富甲一方。藏書數萬卷，誦讀其中。光緒初，刊《畿輔叢書》。凡鄉賢著作三百三十五種，真鉅觀也！而其人亦自此傳矣。

折獄

霸縣丘芷矼大令沅，余戚也，少余一歲，訂總角交。性豁達，家素封，藏書甚富。芷矼博覽經史，不專攻於帖括。嘗謂：『讀書須求致用，范文正言「不爲良相，即爲良醫」，斯言實獲我心矣。』科舉既廢，研究《黄帝内經》，内外兩科，悉精其術。有求診視者，輒妙手回春。

民國初建，投筆從戎。時馮河間督蘇與乃弟竹橋聯姻，夙重其才，俾佐軍務。以功保縣知事，署理淮安。淮劇邑也，糧科書吏，向多流弊。芷矼六月抵淮，正值上芒征收，詳察數日，盡得其情，多年積弊，爲之一清，紳民至今頌之。

清末，邑之東鄙王某，望族也，購其族子田十餘畝，屋數椽。惜小費，匿契約未稅。族子游蕩敗家，挾其短，僞言其叔曾許其家境稍裕，留待回贖，藉口詐得銀幣六十圓。某痛心此舉，將契補税，其族子不知也。民國呈驗契紙，族子以前詞誣控。某已身故，無嗣，寡妻孤女，相依度日。族子染淫瘡，日來某家，詐索財物，訟狀屢上。前令以無關痛癢之批語判之，并未調契一閲。延宕半年之久，止争許贖不許贖之一字也。至歲暮天寒，瘡益烈，兼凍餒而死。生時枕一木，日久磨破頭皮。臨終，耳根後致有血痕。尸親屬藉以訛詐，詭云：『耳後有傷，身死不明。』以毆斃人命控之。前令相驗，漫不經心，尸廠堂諭，僅以『因病身死』四字了之，而尸親屬領尸狀則云：『除耳根後一部分傷外，餘皆如故。』詞涉混含。案雖云結，實未結也。

及芷矼接任，王氏藉尸訛詐之案又起。發交承審員，十數訊，未得要領。芷矼不憚其勞，提案親訊。卷已盈尺，細心推求，判以因病身死，耳後之傷爲木枕所磨，不得刁詞妄控。至契紙驗明，并無許贖之字，顯係訛詐。二載未結之案，一旦涣然冰釋。兩案既定，淮民臚歡，循良之稱，有口皆碑矣。

芷衎四官縣尹，其德政美不勝書，兹特舉其犖犖大者。芷衎工詩，余嘗贈以七律一章，附録於此：

髫齡早識丘希範，今歲重聆玉屑談。和緩醫名傳冀北，龔黄政績著江南。中年慣聽棠陰頌，老境如嘗蔗味甘。待到仲秋明月滿，耆儒高會飲同酣。同人擬於中秋節續作尚齒會。

名門孝婦 二

直隸東鹿縣王吉，明少保王文之九世孫也。妻鄭氏，生而魁碩，有勇力。因世精武藝，善雙刀，雄擅諸父兄之風，而平日婉孌善下。康熙二十六年二月，有盗十二人夜攻其家。吉被擊踣地，鄭氏持白刃出衛，并奪盗一刃殺之。即挾夫出，置草場，揮雙刃追之。盗咸驚逸，復擒其翁去。鄭氏隨取厩中馬，不及施繮勒，輒騎而追。不三里，盗皆返鬥，鄭氏手刃八人，僅逸其四，復奉其翁以還。孝義而勇，鄭氏之冒刃救姑，不是過也。

天津孟曉帆廣文繼坤，宿儒也。幼聰敏，以《秋蝶詩》得名。同治元年壬戌，舉於鄉，屢躓禮闈，不克如志，遂沈酣於詩古文辭，設帳沽上。一時名士多從之游。晚年司鐸撫寧，著有《詩星閣詩稿》。乃弟志青廉訪繼塤，癸酉登賢書，能詩，善畫蘭，工書法，時稱『二孟』。哲嗣定生茂才廣慧，性嗜古，精六書，能辨金石真贋，士林重之。次公子某，早逝。婦查氏，以孝聞。夫歿，矢以身殉，因姑張氏在堂，當留侍養。民國十四年夏月姑卒，孝婦親視含殮畢，仰藥以殉。嗚呼！節孝兩全，不可及矣。浙江陳君誦洛時方旅津，挽一聯云：『今之孟母，昔之孟母；姑有千秋，婦有千秋。』聯語殊佳，真天造地設，巧不可階，才人下筆，固自不凡。孝婦得此，可以不朽矣。

香岩工書

吾邑解香岩明經，博雅工書，清挺瘦勁，深得率更神髓。師事福建陳伯潛太史，光緒壬午舉優貢。太史嘗曰：『他年蜚聲南宮，當可問鼎。』其推許如此。癸未考授縣令，有《呆鐙館詩集》。

拾金不昧

霸州馮君佐先生，幼家貧，輟讀歸耕。嘗赴文安勝芳鎮，路拾紙幣五百金。見者爲之喜曰：『得此，一生吃著不盡。』先生曰：『如遇失主，當還之。』至勝芳酒肆，見一人對酒不飲，愁慘萬狀。先生詢之，答曰：『失銀。』其數相符，知爲失主，慨然還之。其人驚喜，欲以半數酬之。先生曰：『與其受半，何如勿與？』其人堅問姓名，先生曰：『余亦非此地人。』不告而去。後力田逢年，遂成巨富，購良田百數十畝爲祭田。從弟禄富，因貧鬻宅，先生以重價買之，仍令居住，死備棺歛葬焉。曾孫拙庵先生，品端學粹，有功教育，以明經終老，祀鄉賢。玄孫孝光，字豫原，學有淵源，光緒癸卯科舉人；宣統中，舉孝廉方正。復光，字述先，精明練達，充永定河分局局長，人以爲盛德之報云。

高尚其志

吾邑張紹韓姨丈，道光丁未進士，授河間府教授。罷官後，主講永清書院，後進多所成就。李文忠公督直隸時，巡查永定河，因係年誼，主於其家，謂之曰：『老同年精力强健，宜再出山。』先生力辭，其高尚如此。

坐嘯軒集

獲鹿崔青峙先生如岳，康熙己卯舉人，召試授檢討。詩古體蒼老挺拔，絶句似龍標嘉州，著有《坐嘯軒集》。

邵比部遺文

邵柱峰太夫子，吾邑名進士也，先君嘗受業於門。道光庚子舉於鄉，咸豐丙辰中亞元，授刑部主事，遷員外。辛酉，洋兵犯天津，回籍團練，境内賴以安謐。光緒戊寅歲饑，嘗出粟賑濟之，活人無算。性嚴正，倭文端公折節下交，視同畏友。

案牘餘暇，著述宏富，家著義比部嘗梓其《瓠石宧遺集》。工駢體文，惜多不存稿。先君昔年鈔得《曹母張太孺人壽序》一篇，登録於此，吉光片羽，彌覺可珍也。

敕封孺人曹母張太孺人六旬晋一壽序

千秋桃實，每依柘館以呈祥；萬斛橘泉，多傍瑶池而獻瑞。女几山上，樹植恒春；天姥峰頭，花開長樂。自來丹丘上壽，必推彤管貽徽。然而詞矜槃綉，秘啓班符，雖有頌之皆工，究無征之不信。若夫上承親訓，中相夫家，下裕後昆，旁推任恤，足以昭懿行而宣淑風者，其惟曹母張太孺人乎！太孺人族著益津，姓聯翼軫，惟名齊於鍾郝，實望壓夫譚邢。禮法之宗，淵源有自，蓋承教於尊甫夏峰先生也。問安燕寢，早授閨儀；輟講鱣堂，習聆女誡。《尚書》廿九篇，伏生則藉以傳經；《春秋》十三卷，牛肅則驚聞眠誦。才稱不櫛，訓禀初笄，固已婉娩通詩，柔嘉習禮矣。及歸我先生，蘋蘩供職，榛栗修儀。偕夫子以肅將，拜君姑而惕若。人第謂茝蘭必獻，不蓄私珍；箴管親隨，恪遵成命而已。太孺人則升堂進乳，候應雞鳴，繞屋尋泉，祥征鯉躍。丹留方以入夢，路遇丁藤；璧虔植而通靈，堂延甲籙。而且樊英授藥，無俟婢來；張媛修餐，奚煩奴侍！慈烏送喜，既能移事母之孝以奉姑；弋雁言嘉，自必本相夫之貞以教子。固宜絳霄紀瑞，珠樹成行。矯乎若卞氏之六龍，蔚然冠謝家之五鳳。且夫福壽與多男并祝，天庥也；兄弟以式好無猶，家慶也。世非無棣華競秀，荆樹齊芳。終分陸賈之金，莫共姜弘之枕。慨兹同室，難挽分張。瞻彼高堂，能無抑鬱？而子蔚昆季之奉養張太孺人也，箕無分箒，桐盡聯陰。星聚福於一堂，風扇和於雙戟。每當隨肩服事，繞膝承歡。經傳紗幔，後先之雁序分排；令下萱幃，俞諾之鳳聲交應。但敘人間之伯仲，不睹天上之參商；但諧娣姒之塤箎，不界庭除之秦越。猶且紡機勵學，剉薦留賓。太君既諄飭徽言，哲嗣亦恪遵慈訓。束躬圭璧，敢跬步而忘親；篤志經緗，必抗懷以希古。玉雖藴山而光耀，劍甫出匣而芒騰。行見驥籋青雲，鸞停紫誥。膺九天之冠帔，奉八座之起居。使非太孺人植躬範，振家聲，何以諸郎之氣誼雍雍，聲華卓卓如是哉？至其儉以持家，厚以濟衆，惠露下流於戚鄗，大雲傍蔭夫宗親。男錢女布，雅善平章；織婢耕奴，咸蒙福庇。東家撲棗，恒憐鄰婦之無兒；北郭分糧，深念遺孤之有母。以視鹿車偕隱，提甕躬親。鴻案相莊，賃舂自給。風高莫跂，河潤無聞。雖曰能賢，方兹細矣。乃者時維炎夏，律中林鐘。適逢周甲之期，定益長庚之筭。調玉笙於永晝，凉滿風亭；爇絳燭於中宵，光涵雪檻。上元女使，編金縷以摛華；南極真妃，捧瑶章而錫羡。鰲與子蔚，苔岑夙契，芝宇彌欽。叨近孟母之德鄰，備悉班姑之懿範。愧無珠爲記事，幸有筆以揚芬。聽進卮言，用申餓祝，今日籌添碧海，咸欽壽母之延齡；來年餅啖紅綾，豫卜長君之領狀。

黄筱實善畫鼻烟壺

吾邑黄君筱實，實齋孝廉第四子。工繪事，仿周樂園筆法，畫牡丹於鼻烟壺，頗有生動之致。大城劉紫山師題一絶句詩云：

一握壺中别有天，牡丹畫法似黄筌。妙香皆屬花王管，鼻觀由來不禁烟。

張烈婦

烈婦張氏，文安人，吾邑張君心泉之繼配也。事舅姑以孝聞，視前室子女如己出。光緒末，心泉病故，烈婦痛不欲生，誓以身殉。因孤子尚幼，當留撫養。民國五年冬月，子授室之夕，烈婦仰藥死。余爲《賦烈婦行》，詞曰：

豐利張氏高門楣，蘭爲心性玉爲儀。張君心泉慕淑德，聘爲繼配喜唱隨。琴續膠弦彈絶調，玉樓遽赴修文召。誓從泉下殉夫君，痛彼遺孤年尚少。黄鵠哀鳴不忍聽，撫孤緩死嘆零丁。盼兒合巹方成禮，烈魄歸真化婺星。嗚呼！一死如斯泰山重，甄氏殉夫旋接踵。烈婦堂侄婦張甄氏於宣統二年殉夫。雙烈居然出一門，從兹宗族增光寵。

友於兄弟 五

戚友曹悦民先生秉怡，武清世家子，早歲失怙。兄弟四人析産，先生其季也。嗜學，工書。數年仲叔兩兄亦歿。民國元二年，水旱頻仍，家業中落，先生橐筆四方，輕財重義。朋友有匱乏者，量力周給。每歲所入，先長兄，次孀嫂，二十年如一日，鄉黨稱之。

吾邑曹君爾馨，字開遠，余葭莩親也。富於資，友於兄弟。析産後，兩兄老無子，欲納妾，懼不容於嫡。君有三子，俱成童矣。一日二子告之曰：『兩伯父欲我二人爲嗣。言之屢屢，何以答之？』君陰囑之曰：『汝伯再爲是言，則云必俟伯父死方可。』無何，子以父言對。兄嫂果大怒，皆娶篷室，君實陰助之。逾年各舉一男。後知弟意，每向人稱揚曰：『儻非吾弟一激之力，我兩人絶嗣矣。』友於之情，老而彌篤。嘗游京師，寓輒纍月。旅館有鄰，貧乏不能自存，女數歲，乞食於道。君憐其苦，助以巨資。女後被選入宮，即孝成皇后也。既貴，不忘其德。適宗室某淩虐平民，君見之，怒曰：『法律定自朝廷，無貴賤一也，汝何得倚勢淩人？余一生不畏强禦，當爲國家除害。』即起毆之。坐是，交刑部治罪，賴后營救得免。晚年以好施故，家中落，兩兄時時資助，論者兩賢之。侄孫光霖，道光丙午舉人，官永平府教授；光訓，乙酉拔貢，官山西芮城知縣。

張君鳳舞，吾邑富家也，孝悌出於天性。中年，家漸落，不得已與兄鳳儀析産，而自養其母。儀貧甚，乃托妻子於婦翁，游歷新疆，以教讀糊口。十年不得歸，死焉。君得凶耗，欲收兄骨，不憚艱苦，跋涉萬里，半載始抵新疆。訪得兄冢，負骨歸葬，里鄙賢之。

天津武孝廉沈君毓德，性友愛。其兄爲仇所毆，孝廉聞之，持刀赴救得生。仇勢衆，環數十人刺之，孝廉潰圍出。衆復圍之，自背後刺而死，事在嘉慶庚午年也。梅樹君先生爲賦《義弟行》：『橋北喧聲喧不止，衆手毆兄兄欲死。壯哉有弟氣縱橫，隻手握刀飛出城。觀者如山齊道好，弟救兄來人盡倒。義弟驅賊賊亦凶，作勢團團聚似蜂。萬手撥刀刀更緊，梨花落處寒鋩滾。鼠子争看不敢前，紛紛竄走避如烟。一賊高呼勾以鈎，長竿齊舉如長矛。可憐力盡英雄蹶，猛虎無端遭鼠齕。玉山委地英風高，雖死猶然手握刀。千秋義烈何凜凜，令人悌泪增同袍。君不見羊角哀、范巨卿，异姓猶敦手足情，此道於今久不行。有人謂子過輕生，嗚呼，吾聞兄弟之仇不返兵！』

文安張福源先生雲鵬，禹州茂才之仲弟也。天性友愛，兄弟六人。父歿，析産各爨。先生廣交游，輕財重義，手足之情，老而彌篤。四弟子年拙於理財，家業中落。先生有良田五十畝，爲弟鬻以償債。灌園自給無怨言，一時鄉黨稱悌焉。

三世詩集合刻

外曾祖信權之先生，吾邑詩豪也。博通典籍，工詩古文詞。嘉慶辛酉拔貢生，游學都門，師事紀文達公。與王楷堂比部友善，時相唱和，比部手鈔其詩稿贈之。著有《東野草堂詩集》。外叔祖玉亭先生，道光丁酉舉人。性孝友，嘗有讓産之舉，爲時所稱。學問淹雅，尤工於詩，著有《退谷山房集》。表兄雲樵先生，潜心程朱義理之學。光緒丁酉舉於鄉，以知縣需次廣東，爲蠡吾蔣藝圃運使所倚重，歷官鹽大使、潮州知事，著有《石粱居士集》。家著義比部，合梓其三世詩集，亦藝林盛事也。

作善降祥 二

表伯陳聖符明經，霸州純儒也。和平忠厚，嗜義若渴。少孤，事繼母色養終身，於兩家舅父母生養而死葬之。招族人之貧不能讀者，咸就學焉。賑困窮，補不足，親族之貧乏者，恒待以舉火。嫁娶喪葬，無不委曲籌畫，俾各如其意以去。嘗爲戚友肩重負，無力償者，自質田若干頃代償之。歲值時疫流行，爲簡醫方，施藥以療治，全活甚衆。文邑陳震著有《篋墅説書》，多年未刊，其族人陳鈴勸捐數載，未有任其事者。先生慨然捐巨資并醵金付梓，兼刻陳一吾《大中口義》、陳克緒《讀易録》，嘉惠後學。同治三年，永定河堤多險，公自行捐資助修十餘里，以防水患。永定河道徐感其義，以『急公好義』匾額旌之。六年，歲大旱，土寇犯境，自出資招募鄉勇，保護鄉鄰。又購米賑濟，一鄉皆受其賜。著有《晨鐘曉漏集》，砭愚訂頑，有功於世道人心匪淺，未及鐫板而卒。子三：長廷桂，出嗣旁支，次廷樞，三廷楠，相繼游庠。曾孫振藩，充陸軍第六師副官。

吾邑曹健峰先生，多材藝，嗜學如布粟，耻爲俗儒。弋時名，苟仕禄，師魯齋治生之説。帶經隴上，耕讀教子。弱冠，補博士弟子員。中歲教讀，先經術而後文藝。士出其門下者，咸有聲於庠。兼通堪輿卜筮，以應世之求。又篤於族戚，推之鄉鄰，任恤之誼無少靳。每義舉，必爲之倡，環村龍河梁成，其一也。與中表劉共學，劉貧甚，假之館而飲食之，分己田爲之經理。鄰某竊種果於其田界，置不問。逾十稔，樹槁，始歸所侵田。山左王某困於潞，推解而遣之歸。其行誼多類此。子五，克祇，光緒丙子舉人。孫乃瑩，丁酉拔貢生。

李孝婦

李孝婦曹氏，武清王慶坨人，曹瑞年之長女也。係出名門，夙嫻詩禮，適同里李國琳。年二十三歲，夫故。青年守志，善事舅姑。時夫弟二，俱幼。孝婦躬親操作，辛苦備嘗。每飯必手自烹飪，爲堂上進甘旨。姑嫜憐之，偶賜以其餘，必曰：『媳已先嘗之矣。』其能體親心多類此。後舅病危，孝婦禱於神，請延舅命，病旋愈。自是冬不服綿衣者三年，雪地冰天，操作如故。爲延親壽，不惜己身，其孝已不可及。越數年，舅疾復作，百藥無效。孝婦刲股和羹以進，疾復瘳。嗚呼，至誠可以格天，其斯之謂歟？迨舅歿，夫弟成立，以節終，年四十有七。無嗣，以夫弟子世培承繼大宗。其猶子世壇從余游，嘗泣述之。

李鹺使

李鹺使坦，宛平人。清咸豐中，宰安丘。愛民重士，得罪上官。褫職，而虧公帑甚巨，不得行。王菉友先生罷官家居，集父老議助之。先自鬻田三十畝爲倡，其見重於士民也如此，則平日之惠政可想矣。後復官，纍擢山東鹽運使，感先生高誼，屢以書招，卒弗往。論者兩賢之。

定窰

古定窰器，出北定州直隸州。土脉細，色白而滋潤者貴，質粗而色黄者價低。

花二種，以白色爲正；白骨而加以泑水，有如泪痕者佳。今鑒藏家，有南北定之分，南定爲南渡後所造。元代彭君寶燒於霍州，名曰『霍霍』，又曰『彭窑』，亦仿定器爲之，稱新定，均不如北定。見《格古要論》。

三樊能詩

天津樊宗浩，字曉齋，與弟宗清、宗澄均以詩名。曉齋有《硯圃山房稿》，清有《留餘山房集》，澄有《寒竽集》。棣萼聯吟，極天倫之樂事，可與『南樂三魏』後先輝映矣。

賢母 二

余太師母劉太孺人，文安縣王紹豐師之母也，素嫻詩禮。師家素貧，與兄劍溪先生幼從母學，課讀綦嚴。既長，無力延師。太孺人有胞姊王太夫人者，寶坻王子厚祖培太史之母也。咸豐中，太史督學廣東，長子禔已舉於鄉矣。太孺人親赴京師王寓，求假數十緡，爲二子學費。王太夫人曰：『妹家業中落，讀書甚非易事，不如令兩甥務農，自食其力，勝於求助親故多矣。』太孺人不悦曰：『人莫不欲其子之上達者，二子他日不成名，不復見妹。』歸以紡織助子讀。同治初，劍溪先生補博士弟子員。光緒丙子科，師舉孝廉，後官奉天懷德縣教諭。賢母之教澤大矣哉！

董太淑人，余母舅永清朱樾民先生繼配也。舅元配同邑葉氏，生一子，病故。繼娶余姑母，生一女，亦故。又繼娶太淑人，生子三，女二。治家有道，教子成名，光緒二十七年卒。武進屠敬山先生銘其墓，謹録其辭。

清故誥封淑人朱母董太淑人墓志銘

屠寄

永清朱氏有賢母曰董太淑人，封武昭都尉諱汝惠之繼室也。恭儉慈惠，能宜其家，而教其子孫，睦於宗族姻鄰，餘澤逮於鄉里。卒於光緒二十七年五月二十九日，得年七十有一。以二十九年九月，與封翁合葬於城西韓侯鄉。賢子槐之，乞銘於寄。槐之之子深，時又從寄游於京師大學堂，以是譒太淑人内行，於法宜銘，謹按述略。

太淑人先世居正定藁城，有明中葉，遷文安，遂爲文安人。曾祖大鏞，國子監生。祖鑒，舉人，官静海教諭。父汝臨，貢生。太淑人生於静海學官，幼慧，通經史。及笄，封翁聞其賢，請爲繼室。先是封翁娶於葉氏，生子樹之而殁。又娶於馬氏，生女三歲而殤。未幾，馬氏亦殁。太淑人之歸也，逮事君舅，侍其末疾，三年不衰。及君舅卒，封翁以哀毁致疾，凡四年，遂以不起。太淑人飭喪撫孤，躬理家事，時於燈下課槐之讀。繼而聞貴築黄編修彭年主講蓮池書院，則命槐之及其弟樫之、楹之曰：『黄君，當世通人，兒輩其往事師之。』槐之、楹之遂以己卯、辛卯先後舉於鄉，樫之亦廪於學官。其後桐城吴先生汝綸繼黄公主講蓮池書院，太淑人又命槐之以其子深受業焉。其能爲子若孫擇良師如此。

太淑人外家中落，父殁，無以爲殮。飾終之事，皆太淑人銜哀任之。自奉儉約，而潔治中饋，以待賓客。三黨中遇吉凶事，其貧者必資以成禮，歲率千金。又以負郭田六十畝，歲租錢百餘緡，任族人職志之，以修先塋。

地方公益善舉，每命槐之倡捐。終太淑人之世，先後又無慮千金。歲乙未，夏四月大雨，城中遍户三日不舉炊，瀕死於水，亟出千緡振之，所全活甚衆。

庚子春，拳匪初起，太淑人曰：『此亂民也，不解散之，且爲巨害。』七月而京師陷，永清當孔道，津沽敗兵麇至，居民空城逃，縣庫如洗，知縣高君倉卒無以應。

太淑人出錢數千緡，命槐之購車馬荳豆給之，得不譁擾。先是縣無賴習拳者，殺傷耶穌教人。九月，英吉利軍數萬薄城，號爲復仇，索償金四萬兩，刻期六旬納使署，否則屠城。知縣不得已，允之。圍解，而縣中豪富，莫肯輸資。太淑人復捐千五百金，命槐之爲之倡，於是衆款如期而集。其亟公好義，顧全地方大局，多此類也。

長子樹之，太淑人視如己出。以其官候選守備，加都司銜，覃恩誥壽淑人。樹之先太淑人歿。太淑人生子三：槐之，己卯舉人，己丑大挑二等；樫之，廩膳貢生。楹之，辛卯舉人。女二：長適同縣丁酉選拔貢生葉嶸，次適浙江建德癸未進士翰林院編修知西安府事張筠。孫男八：其炘、其熉，國子監生；深，優行廩生；洞超，候選知縣；念詒、道炎、鶴、方魯俱幼。孫女四，曾孫男一，穎孫、曾孫女三。銘曰：

猗嗟淑人，烋矣令德。尸鳩之仁，均平專一。内含柔順，外秉義方。富貴壽考，子孫克昌。惟子惟孫，躬漸以教。經師人師，是則是效。訛言亂政，實維莠民。中閫先識，邁彼薦紳。散財犒師，瓦全鄉里。馬鬣已封，勿翦桑梓。

妙手回春 二

一治癬，一治紅痢日久不愈者。

東光馬學文，瘍醫也。識字無多，所記成方頗神妙，而秘不肯示人。晚年寄居武清。家兄患瘡，療之立愈。族兄心齋，患癬多年，百藥不效。馬敷以藥，數日就痊。一日心齋招飲，醉後，出其方示之：用臭柏油胰皂鋪有之。一兩，入狼毒三錢、蛇退一條，燎焦去渣，入黃蠟三錢，和勻。再入五倍子二錢、小米灰三錢，成膏，敷患處。

余姊婿戴君香林，精醫術，購醫書數十種，寢饋其中。凡求診者，風雨無阻，手到病除，洵良醫也。光緒十九年七月，先慈患紅痢，多日不愈。君以樗皮湯治之，一劑而愈。用臭椿樹皮刮去老皮，取嚮陽面靠木嫩皮用之。四兩、黃酒六兩，浸半日，加當歸、紅花、銀花各二錢、甘草一錢，和皮與酒以水煎之，温服，忌酒百日；新痢忌服。

劉文介先生傳

余業師劉紫山夫子，諱鍾英，字紫山，別字芷衫，大城縣人，光緒乙酉拔貢生。讀書有夙慧，好古學。桐城吴摯甫先生奇之，待以國士禮，授以古文法。嘗修《大城縣志》《安次縣志》，具有典型。性恥干謁，取與不苟；不濫交，不樂仕進。賦詩耽道，以此自終。著有《三餘堂詩文集》三十卷。民國七年九月，卒於里第，門人私謚曰『文介先生』。家著義比部作《劉文介先生傳》：

劉先生諱鍾英，字紫山，别字芷衫，晚號十洲外史，清大司寇劉端敏公棟裔也。祖昫，父開第，皆名孝廉。先生幼承家學，博通典籍，年十歲，即能詩。客指壁間《漁村夕照圖》命題，操筆立就七古一篇。客大奇异曰：『非凡兒也。』弱冠，補縣學生。光緒乙酉，登拔萃科，受古文法於桐城吴太常汝綸，乃棄帖括，以明經著述終老。

壯年游河朔間，與詩人慶雲劉希愈明經、南皮潘震乙孝廉訂文字交。迨二君殁，亟爲删定其遺稿以傳，其古誼如此。治經尚《春秋左氏傳》，嘗病今本多誤，杜注自宋以來，即經妄人芟節，因爲《辯訛補注》三十卷。續著《國語》《戰國策》《莊子》《杜詩》等編《辯訛》，又箋注《古文辭類纂》《東萊博議》《蒲氏志异》，各若干卷。積半生精力，晚歲始定稿焉。從古考訂諸家，類多止就本書，以古今本互校之；先生獨闢程途，旁獵百氏，山經、地志、類事之書，靡弗參采，故能辯誤正謬，發先民所未發。焚膏繼晷，手不停披；偶抱微疴，猶不釋卷。蒐輯《全唐詩補遺》三十卷，所注出典，間有小异，蓋暮年偶爾遺誤，不足爲是編類也。

爲詩出入古人，而不襲其貌，大旨以杜、蘇爲宗，神味爲歸。論詩精語，具《芷衫詩話》中；其《三餘堂全集》，計詩不下五千篇。滄桑而後，勝懷舊邦，辛亥以還，但書甲子。興亡過目，一一發之於詩，沈鬱蒼凉，耐人咀嚼。

爲人貌和而行介，取與不苟。五十喪偶，遂不再娶。性嗜酒，不茹葷。喜擊技，有俠士風。衣冠樸素，如魏晋間人。所居書舍，一榻之外，書卷縱横。愛惜物力甚至，雖片紙必儲，以濟其用。援引後輩，惟恐弗誠。講授之頃，莊諧善喻，娓娓長談，使人忘倦。其表彰鄉獻也，尤能不遺餘力，有長必録，以存其人。重修《大城縣志》《安次縣志》，甄録《王南村詩稿》，重刊其先世《雙鶴堂集》《鐸游詩草》行於世。發潛闡幽，有足多者。所爲《愚公紀談》一編，中多异聞軼事，時資參考。并集古驗方，喜談内典。每云過去生中爲雲栖寺僧也，嘗夢游其間，得詞一闋云。民國七年戊午九月一日，卒於家，春秋七十有六，門人私謚曰『文介先生』。

附録夢游雲栖寺詞 調寄滿江紅

一杖拖雲，又重到、雲栖梵徑。記前世、蒼松共倚，雪猿同定。法侣猶欣岩畔識，風泉舊在樓中聽。問吾身、可是此山僧，山皆應。披破衲，身原稱。皈古佛，心非佞。上禪床，觸起卧雲詩興。幻相任從凉月引，舊盟且向曇花證。愛歸途、經梵過泠泠，聞清磬。

邊户部遺文

四　清邊履泰子雅

馬節婦傳

節婦馬氏，東安摸匽港農家婦也。年二十二，夫亡。將殮，節婦焚香長跪，面夫尸喃喃不知作何語。起而剪髮一髮，納諸尸之懷，而闔棺焉。既葬年餘，里媪某氏與節婦值，徐謂曰：『汝家貧親老，又乏子息，而如此青年，宜早自爲計也。』節婦聞之，色變，媪乃卷舌而遁。是時四壁蕭然，炊烟頻絶，節婦乃傭於文安王氏，供掃除縫紉役，而以姑從。或受主母甘美之賜，必盡以獻姑。其積閨闥往來相勞之資，則未寒購絮、先暑市葛，惟恐衣姑之後其時也。餘則施諸空王宅，以助香火。又每夕必號佛數百遍，如是者十餘年。及姑亡，歸櫬，治喪畢，復返。諸媪謂之曰：『汝傭以養姑，姑已殁，婦職盡矣。此後歲月遥遥，依人殊非久計。』節婦但笑謝之，又數年，卒。初節婦略解文義，後學爲詩，率書懷之作，時爲人誦之。間有一二語，實能自道其艱苦之狀，則聞者莫不凄然泪下焉。或曰，節婦氏李，不知孰爲母家姓、夫家姓也。

客臘讀任丘邊子雅先生《馬節婦傳》，知摸蜃港爲磨叉港之傳訛。其地距余鄉三里，因訪於其鄉王樹君茂才，伊云：『少時曾聞馬節婦無嗣，且佚其夫之名，今五十餘年矣。其母家爲霸縣李家堡李氏，盍往詢之？』今秋，余與節婦宗人李君伯純遇於王慶坨，一見即詢其事。伯純曰：『是余族祖姑也。』遂述其本末，乃悉節婦之父名文明，貧無立錐，獨以詩書教其子女。節婦素承庭訓，卒能爲姑盡孝，爲夫守節。嗚呼，詩書之澤大矣哉！己巳孟秋，安次馬鴻翱謹跋。

劉孝婦蔡氏傳

孝婦蔡氏，文安勝芳鎮人。其夫同里劉某，爲人販生魚鬻於都市，終歲在途。子三人，俱幼。姑某氏，耄而多疾。孝婦業織席，姑賴以養。家無一椽之覆，稅屋而居。勝芳帶河襟淀，墟里方纔二三里，而不下萬竈。往往數家共稅一宅，茅檐外隙地不數尺，如閭巷然。孝婦家既貧，故所稅之宅，狹隘尤甚。光緒庚寅某月日夜，鄰有回禄之變，瞬息間連延數十家。蓋家家織席，院多積葦，故灼而易熾。維時里人畢集，聞老幼呼號聲甚慘，僉謀拯救，而風狂焰烈，不可嚮邇，徒却立相視而莫可如何。突有衝烟焰而疾馳者，衆目之，乃孝婦負姑出也。至廣衢始釋之，兩手及肱反嚮處幾焦，猶慰姑驚恐，從容扶掖而去，而幼子燼矣。

贊曰：昔曹娥沈江求父尸，千古稱之，然彼猶毛裏之屬也。劉孝婦於烈焰中負姑時，微特不知其有子，亦并不知其有身，惟與姑存亡而已。儻遇曹娥之變，吾知其必優爲之。

孝女張竹蓀傳

孝女姓張氏，字竹蓀，順天文安人。父毓棠，字伯思，母氏徐。伯思先生於書無不讀，下筆如夙構，乃食餼，貢成均，屢詣公車，僅與繕校國史之選。同治中，制府曾開禮賢館，邑宰以學薦先生，一時稱得人。中歲後，惟閉户著書以自娱。光緒己丑春，疾，醫數易，弗效。一夕復飲藥就枕，呻吟漸止。將曙，張目見孝女在側，乃曰：『胡尚未息？』實數晝夜睫未交也。比曉疾若失，見孝女有所進，皆右手，疑詢徐氏。徐氏泣告曰：『竹蓀昨以汝疾劇，焚香籲天，割左肱肉寸許，投藥鐺，煮以飲汝。我知而視之，其裹束處，血尚涔涔未止也。』乃急敷以藥。先生愈，而孝女創亦漸平。其鄉之士大夫上其事於邑宰，邑宰聞於京兆尹，賜之額而表其行焉。

贊曰：明季有孝子王公諱原者，文安人，其尋親顛末載《明史》。三百餘年，又有孝女張竹蓀割肉療親事，一邑中至行相望也。禮曰『孝弟之至，通於神明』，信然。

紀烈婦傳

烈婦姓牛氏，静海貢生某之女，文安紀應辰之妻，舉人肥鄉教諭諱某之子婦，舉人山西知縣諱某之孫婦，舉人湖南鹽法長寶道諱某之曾孫婦。嫁數年，應辰殁，烈婦一慟幾絶，誓以身殉。家人勸慰之，乃曰：『吾不難死，其如舅姑之老何？』於是委曲承迎，如應辰生時。會歲祲，鄰媪某氏貸烈婦資。逾年，征無以應，乃蜚語誣烈婦，蓋懼以流播，或不責所負也。烈婦聞之，但面壁坐，泪時涔涔下。姑崔孺人百方慰解，晝戒婢媪覘所嚮，夜輒同處一室，亦既言笑如恒矣。一夜姑倦寢，烈婦潛投甕水中死。

夫叔訓導某，訟某氏。宰一鞫而服，獄具論戍。大吏疏烈婦狀於朝，旌表如例。

時某氏繫獄已年餘，忽喃喃自語曰：『我作此誣人語，何以生爲？』宰察其癲痫，以例應收贖。出諸獄，仍錮之。一日以刃自刺，幾絶，尋以創死。烈婦於亡妻紀氏爲侄婦，紀氏多其行，恒縷述之。曩以其閨閫之相善，未之异也。紀氏既歿之七年，聞烈婦捐生事，乃知稱美之非私，兹著其大者。至紀氏一一之述，今已二十餘年，不復能憶焉。

贊曰：烈婦以一語之誣，遽捐其生，則夫亡之日，其能從死可知；而濡忍數載，卒弗獲終其侍奉之志也。悲夫！雖然死生之大，烈婦實能宜之。

朱五乖事略

永清朱純如先生遴之，宿儒也。祖絅齋公，父懷民公，均以名孝廉居冷官。先生上承家學，早歲能文。甫弱冠，登咸豐壬子賢書。兩試禮闈不第，遂棄帖括。博覽群書，善篆隸，精音律，工繪事，尤長山水。家有宋趙千里《長江夕照圖》，什襲而藏，偶一臨摹，便得其神。雖調鉛殺粉數十年者，多不能及。然不輕落筆，故其畫概不多見，時人得尺幅，珍如拱璧。李伯濤先生推爲近來北方畫家第一，蓋確論也。光緒二十三年，卒於家，春秋七十有一。先生年逾四旬，得心疾，時作時止，縱酒狂歌，毫無拘束。醉後握管，或書或畫，任意揮灑，饒有書卷氣。晚年求書者益多，苦於酬應，嘗曰：『《書譜序》有云「情怠手闌，五乖也」，斯言實獲我心矣。』因顏所居室曰『五乖堂』，自號『五乖主人』。先生與余爲中表兄弟，而年歲懸殊，引爲忘年交。相知最深，爲之略述梗概。

曹氏義田

武清曹君翰臣，余戚也。以名諸生充王慶坨小學校長，整頓學務，日有起色。今歲秋，漢文教員缺席，函招余承乏其間。一日，述其五世祖太史公奕汪先生嘗購膏腴之田千畝，歲取所入，爲家塾膳脩暨宗鄰孤寡廢疾貧乏不能自存者，誠善舉也；并爲文勒石，俾垂久遠。余素好事，即日往讀其碑。碑建於前清乾隆二十六年，迄今百六十五年矣。爲風雨所剥，字迹模糊，多不可辨。余曰：『嗚呼，清社已墟，而曹氏子孫詩書繼世，太史公之遺澤長矣！』謹贅數言，以志義舉。

曹孝女墓碑銘

宛平陳應禧星齋

嘗讀《後漢書》至上虞曹娥投江殉父，竊嘆以十四歲弱女子，沿江號哭，晝夜不絕，卒能尋父所在，與之俱沈，洵足增輝史乘，心甚欽之。近復有武清曹孝女事。孝女父仲升公，以歲貢候選教職，孝女，其季女也。早失怙，事母孝，矢志不嫁，母弗能奪。母病，潛刲臂肉，和藥中以進。母少瘥，已而病復不起。女視斂畢，遂餌金以殉。家人覺之急救，得不死。泫然曰：『吾死已決，今又生，殆吾事猶未了乎？』自剪紙錁焚柩前，哭輒失聲，昕夕罔間。會紅巾構亂，聯軍雲集，鄉鎮幾無居人。孝女與其兄若侄計，潛掩母柩，奉以避難。逾年，始克歸，復促與兄速諏吉營葬。屆期哭彌慟，反殯，復仰藥。家人復救，又蘇，旋又服他毒，遂絕，時年三十有八。

嗚呼！人孰不惡死？乃孝女之求死，至再至三，其孝親之純、殉母之決，歷久不渝，竟能若此。歲癸卯，有司上其事，得旨，旌表如例。夫黃娟幼婦之碑，迄今二千有餘矣。古今不同時，南北不同地，少長不同年齡；死於水，死於毒，又各不同，而殉親則無不同，而皆同出於曹氏，輝映後先，何曹氏之多奇女也？雖然其奇皆本於其孝，則奇節實庸行矣。

余原籍會稽，與曹娥同隸紹興；轉籍春明，與孝女同隸京兆。女之侄，爲余次兒婦。余不敏，不能爲邯鄲子禮之文，而居同桑梓，誼切葭莩，且事關貞孝，余又舊史官也，不敢以不文辭，爰爲文而繫以銘。銘曰：

雍丘之墟，篤生賢媛。自幼慕親，終身不變。當垂髫時，端莊夙擅。烏哺情深，鳳諧匪願。侍疾慎終，艱辛歷遍。荏苒星霜，丹心彌鍊。大吏咸欽，以聞朵殿。天子曰噫，合膺恩眷。建坊表閭，風兹赤縣。媲美先型，女中俊彦。敢綴俚詞，以當論撰。鎸之貞珉，千秋永奠。

百齡人瑞

新城王重三太夫子，清名進士也，道光十八年戊戌科會元。性至孝，經術湛深，畿輔儒流，奉爲魁碩，有小隱齊制義。先生清介自持，淡於榮利，年未三十，以知縣用。時太夫人杜氏方届七旬，先生即告終養，士論高之。里居教授生徒，從游者數百人。先君及門受業，凡三載，先生稱爲志士，因與次公子衡世叔訂車笠之盟。

咸豐中，主講新城書院。同治末，主講保定蓮池書院。太夫人百齡大慶，合肥李文忠公督直，專摺奏報，特旨褒賞。孫五人，舉於鄉者三。曾孫晋卿方伯，時甫弱冠，已舉順天庚午科優貢。玄孫二人，五世同堂，真一時人瑞也。

拾金不昧

霸縣李士端伯純

衡水王鶴鳴，販筆爲業，嘗宿於天津之楊柳青鎮旅館，有不相識之三人同榻。晨起，於榻旁拾得紙幣三十五圓，以爲去者所遺，候終日，未得失主。因亟於就道營商，遂托館主人暫存，爲文招領，張貼通衢。是年，余館王慶坨，親見招領啓事，故得悉顛末。夫筆販非巨商也，而能臨財毋苟如是，其事其人，亦足傳矣。

李烈婦

李烈婦王氏，名劍威，文安勝芳鎮王錦標之季女也。幼而沈静，寡言笑，有志於學，父母鍾愛异常。父殁後，家境雖形拮据，嚮學之志不少挫。及畢業直隸女子師範，充文安縣女學教員，將母館所。後應馮國璋總統府之聘，館未期年，恐染奢華惡習，辭歸，依母膝下數年。年二十七，適天津李志方，家故貧，明年，夫疾病，消費倍增，衣裘簪珥典盡。嚴冬天氣，衣不能襲。姊夫邱乃文與之金，使贖之，不受，曰：『天果寒，皮裘余固有之。』夫死，將仰藥，恐家人營救，故作從容之態。藥性發，救已無及。於戲，歐風東漸，世道沈淪。夫死不嫁，已屬難能可貴，若非特立獨行者，何克甘死如飴，從容就義也！

挽李烈婦王女士

徐子静

太原華族門楣光，生有淑女逾共姜。深明大義孝且烈，殉夫泉下名昭彰。幼年失怙何孤苦，生長寒門無尺土。幸有女校育英才，女師畢業。學與宣文可爲伍。奉養高堂賴束脩，素霞而外鮮同儔。清乾隆中，無錫縣唐孝女素霞鬻畫養親。求凰適有隴西氏，君子從兹咏好逑。逾年夫婿患瘵疾，藥石無功醫寡術。天寒典盡嫁時衣，無米之炊傷有日。李賀登仙跨赤虯，書生薄命又何尤。殉夫仰藥甘如薺，鶴駕鸞隨閬苑游。嗚呼！自由戀愛成婚媾，新學中人偏守舊。女界如斯第一流，可謂空前而絶後。老夫何幸與同鄉，敢賦俚句爲揄揚。烈婦之風自千古，永隨山水同高長。

廉明却饋

静海鄧鑒三先生長耀，早歲游庠，廩於學官。壯年投筆從戎，以軍功保舉，署理湖南臨澧、陝西咸陽等縣知事。所至政聲卓著，有『鄧青天』之名。擢爲綏遠道尹，升陝西民政廳長。其故友陳某署某縣，以境内所産羊裘，遣价往饋。先生見之，已忿怒填胸，佯加贊許，俄而親擲於地，斥來价曰：『汝主人係我故交，何不識我心乃爾？余使其署某縣者，以其能公僕其身，爲民造福，豈料其賄余以固位耶？』遂記大過一次。又某縣長以中秋節，具猪肉數十斤、海参一包，親送到廳，先生仍如擲陳某之裘也，并驅逐出廳，立褫其職。旋與僚屬曰：『賄長官以取容者，無循吏、親民之官；使若輩爲之，民不受剥削何待？』嗚呼！當此政以賄成，視賣官鬻爵爲常事，而先生獨以清廉自持如此，謂爲鳳毛麟角，非過譽也。

公僕

張偉光縣長，字重宣，静海縣人，清張文襄公高足弟子也。畢業於方言大學，褒獎舉人，歷充各中大學教授、交涉署科長等職。於民國十八年知膚施縣事，布衣疏食，節其費以賑貧民。膚施地瘠民貧，加以旱魃爲虐，日不再食、凍無兼衣之民比比也。是年冬月，大雪盈尺。黎明，即率屬與公安局警士掃除街道。各號商人，起而見之，勸其稍息，曰：『余本公僕，爲民衆服務，乃其職也。』邑人爲之登報稱頌焉。

王孝子傳

霸縣韓世型作孚

王孝子，名繼昌，其先世任丘人。王父明善，當清咸豐之季，年荒時難，貧乏不能自存，流寓於霸州之東臺山村。民國初元，改州爲縣，今爲霸縣人焉。孝子生長貧賤，然頗識之無，聞有談節義事者，樂而忘倦。

其父永升，爲先君子執耕者數十年，終身不易其主。及其死也，孝子及其叔永才繼焉，故雖余之不肖，鄉人皆以不改其父之臣之美歸之。永才無子，孝子兼祧。其父既殁，孝子事其叔如父，其叔亦忘其非己所出，一門之內，雍雍如也。永才舊有痰喘症，每年冬季病勢轉增，至春暖漸減。今年六月，舊症陡作，未暇延醫，旋即病故。孝子痛不欲生，杖而後能起，以貧故，即行安葬。適值永定河南岸決口，水勢建瓴而下。臺山爲水道所必經，一晝夜間，一片汪洋，盡成澤國。孝子見水勢之浩大也，即咄咄自語曰：『吾叔甫經棄養，即舉而委之水中，以後有何面目復見鄉人！』遂引刀自破其腹。迨醫至，已無救矣，時六月二十日也。余聞之，爲之欷歔泣下；此鄉之人，莫不皆泣。卒之翌日，義媪趙氏假堤北乾地以葬之，得年五十二歲。有子二，曰某某。

韓世型曰：嗟呼，孝子爲余賦役，不過一農人也。農人，微者耳，名義所不責，而心有所慊，視死如歸，何其偉也！且使鄉鄰感動如此，豈非出於其性者哉？昔者文安有王孝子，至今人猶嘖嘖稱之。今孝子又出王姓，其事雖不同，其不匱一也。世之賢人君子，必有相提而并論者，豈以其微顯异歟？猗歟盛哉，可以後先媲美矣！余之力不足以舉之，而文又不足以傳之，敢爲之傳，以俟夫揚人善者得焉。

王孝子墓志銘

吾鄉王孝子維昌殉其叔父之年仲冬既望，鄉人劉文襄氏請於余曰：『王孝子權厝於趙媼之田，已半載矣，明年春水落，當改葬於其先塋之次，不可以不銘。子既爲之作傳矣，銘仍屬子可也。』余雖譾陋，然樂道人之善焉。又況王孝子者，非特其善可銘，其剛毅之氣，至死不變，求之當世，可謂絶無而僅有者。豈非所謂性善者乎？不特此也，鄉中所有不平事，孝子不量其力，每欲平反之。雖於事無所補救，然其不畏强禦，亦可以略見一斑矣。儻選舉不以賄成，使舉於版築魚鹽之盛事再見今日，其所挾持，未可量也。豈僅能辨大節於一旦已耶？乃不特窮困其身，欲使其幸而久在於世，亦不可得。嗚呼，可哀也已！孝子之事，列於傳中，故不復及云。銘曰：

雞群之鶴耶？人中之杰耶？吁嗟孝子，何死之决耶？宜旌於國，宜表於鄉。銘之以此，永矢不忘。

霸縣王孝子殉墓

天津王秋星球

國人好强鬥金鐵，國人弱極無氣節。禮失而於野是求，純剛尚有男兒血。可死可無死之間，懦夫藉口多厚顔。認定是非與輕重，豈惜一毛抛泰山。前年韓生殉孔子，曾抱木主赴井死。五月五日王國維，汨羅湘水甘相隨。二君誦習詩書者，慕義趨仁其職也。胡爲乎農氓之人樸無文，身殉道義高如雲。灤水忍鬻王季墓，愛親激切無他故。肝腸迸出河有聲，辟易蛟龍不敢怒。明知死無益於親，不欲生有愧於身。身死心安無所恨，羞殺苟且偷生人。

曹氏科第

王慶坨曹氏，武清望族也。科第聯綿，甲於一邑。乾隆己亥鄉試，子獻先生中副車。道光壬辰科，雅堂先生登賢書。咸豐辛亥，子蔚先生高捷。光緒癸巳，易庭、藹臣兩君以從堂兄弟同科并舉。明年甲午，少潭、仲璘、昆玉同胞同榜。又明年乙未，易庭、仲璘族叔侄同捷南宫，極一時之盛。至今士林猶傳爲美談云。

武清縣王慶坨鎮公立高小學校記

縣南巨鎮曰王慶坨，公立高小學校之創設，迄今十有餘載，造就學生以數百計。其成立緣由，宜撮要記之。

自前清光緒三十一年詔停科舉興學校，坨鎮士紳公同酌議，爰就鎮之萃文書院房舍及舊有款項，改建初等小學校一所。風氣漸開，入校者多，即將來畢業初小者亦日衆。爲諸生謀升學之便利，以期學務擴充，則設立高小學校是爲最要，故合鎮士紳遂有籌辦高小學校之議。而慮經常之款，無所從出。該鎮紳士張際康、張際庭兄弟於光緒三十二年倡捐地二百畝。觀感之下，各紳富相繼踴躍捐助。通計得八百餘畝、銀幣八百餘元，高小之基礎以立。時登皡適承乏斯邑，以鎮紳捐地，熟心公益，據詳大憲奏獎焉。學款既裕，乃相鎮之東南隅文昌閣，以爲校址。就其後殿，改作講堂一座，添築校舍八間、圍牆兩面。於是，講習之堂、休習之室，規模粗備，遂於光緒三十三年四月開學。民國二年，復就前殿改作講堂，并設操場一處，逐漸擴充。濟濟多士，朝夕弦聲，可稱盛舉。今者學制代更，文化日進，而所以培養心性、攸叙彝倫者，則歷萬古而不可易。入校而來學者，培其固有，浚以新知，庶經紀國家之材，皆於是基之，不僅增里黨之光已也。追維諸紳創設之勞、好義之勇，故略志顛末。深冀後之宰斯邑者仍力予提倡，合鎮紳董繼續經營，則學校之人才輩出，不卜可知矣。所創辦及捐地捐資士紳，臚舉其姓名於後，以示不忘云爾。

前武清縣知事、現任綏遠道尹周登皞謹撰。

張際康、際庭　捐地貳百畝、房壹處

曹植珊　捐壹百肆拾貳畝

曹述曾　捐地捌拾捌畝

曹國定　捐地陸拾捌畝

曹廷麟　捐地貳百畝

曹植檝　捐地伍畝

曹植楨　捐地貳拾陸畝

曹錫曾　捐地捌拾捌畝

曹福曾　捐地貳拾壹畝

曹秉忠　捐銀壹百圓

趙沛霖　捐銀叁圓

曹彬孫　捐銀拾圓
張際逵　捐銀陸拾圓
曹國樸　捐銀壹百两
曹復元　捐銀叁百圓
曹秉綸　捐銀貳拾圓
李長泰　捐銀壹百圓
曹　珍　捐銀貳拾圓
曹國霖　捐銀叁拾圓
曹聯武　捐銀貳拾圓
崔　杰　捐銀叁圓
曹爾彬　捐銀拾圓

題扇詩

張蔭南明經毓棠，文安勝芳人，清同光中名士也。性聰穎，工詞章，爲文如宿構，與大城劉祝萱副車兆筠友善。光緒中葉，祝萱館於芳鎮徐子静茂才家，往拜蔭南兩次。蔭南年逾六旬，疏懶性成，且視爲老友忘形，未嘗一答拜也。時值伏暑，子静求師書扇，祝萱曰：『蔭南書法勝於余，盍求之？』子静述之於蔭南，蔭南賦詩以贈祝萱，即以是詩題扇。詩曰：『舊雨頻年踪迹疏，茫茫烟景守蝸廬。幾番恕我嵇康懶，猶委塗鴉强作書。』詩情綿邈，節短韵長，迥非凡筆。蔭南才高不第，老益疏狂。身後蕭條，有伯道之感，以致詩稿散佚，良可慨也。己巳祭竈日，子静爲余述之。亟録於此，於蔭南之詩，可以窺豹一斑矣。

孟霖生先生傳

李寶仁

孟友龍字霖生，仁宗朝詣闕上書，言官租累民事者也。友龍幼讀書，懷利濟志。家貧，不克卒學，乃應辟爲州掾屬。久之，見官吏多蠹民自私，意不合，輒去之。躬耕自給，傭書事親。初，畿輔州縣凡旗産以事入官者，皆募民耕，俾納租於官。年既久，吏緣爲奸。歲增月益，掊斂無定章，故租額較重於他賦，百姓逋負多逃亡。友龍慨然憫之，擬疏陳其弊，懷以入都，不得上。日赴酒家飲，時都中某親王好微服行民間，察得失，偶遇諸酒家。友龍把酒纍吁，王察其非常人，詰其故，以實告之。王覽疏大悦，翌日入朝，爲代奏焉。

其疏略言：『友龍身在官府二十餘年，留心於吏治之得失、民生之利病，目見耳聞，知之甚悉。今幸躬逢皇上勵精圖治，舉錯合宜，詔求直言，樂聞民隱，則凡在臣民，何忍緘默，有負聖主虛衷延訪、勤求治理之至意？友龍欲言之事不一，惟州縣官租，累民尤甚，竊以爲朝廷所當亟議，以恤農者。夫欲知天下之安危，須視言路之通塞；欲知民間之苦樂，宜察人情之趨避。蓋小民雖屬無知，而趨利避害，人有同情。竊見霸州承佃官地之人，種之多苦，推之甚難。每年開征後，爲此訟者，十之八九，紛紜擾攘，殆無虛日。一家佃種地，逋欠受累，不待言矣，而且累及宗族、鄉黨，或累及交接産業之家，甚且累及於鄉鄰無干之人。蓋承佃者，自非家業蕩盡，積逋甚深，不能退佃。故身欠官租，輒與不欠官租者爲難；家無官地，不與有官地者結親。其爲害也，一至於此！凡貧者呈告富户，使其代完逋租，其意無非令富者售賣其産業、接認其官地，而一經票諭差傳，即難免無名之費。如再助納官租、接認官地，是又多受一番苦累，否則詞訟無時了結。即或疏財仗義，忍氣吞聲，俱如其願，以期息事，奈此家甫完，又被彼家呈舉，一案未結，又有一案牽連。是以富厚之家，勤儉守分，不敢妄爲。徒以官地官租，被人拖累；連年涉訟，妨工誤農，日不遑處。其實田荒課懸，官民交困，爲害有難盡言者。若不及今變通章程，亟爲清理，竊恐貧者無術致富，富者亦難久支；輾轉株連，同歸於盡。霸州如此，他處可知矣。惟是官租之弊，委曲多端，誠難列諸簡奏，伏望天恩於萬幾之暇，俯賜垂問，則民間一切疾苦，凡友龍所知者，必能詳陳於陛下也。』

又言：『友龍乃區區草野之民，未嘗學問，亦并無言責。朝廷詔求直言，亦未曾下及庶人。中外文武大臣，至於百官，衆矣，友龍自揣何人，竟干朝議，冒瀆之罪，萬死奚辭？第念伊古以來，政事或有闕失，大臣或有奸詐。人君端處深宮，每難遍察周知，而在下臣工，率多容隱自全，苟且依順。草野黎庶，知之雖明，而萬里君門，無由籲訴。此所以大臣作奸而墮國是，政事不善而毒民生也。然則言路壅蔽，乃奸佞權臣之幸，斷非朝廷之幸也。故堯舜置聽諫之鼓，使天下得盡其言；立誹謗之木，使天下得攻其過，慮事深遠，萬代堪型。至於隋文帝不罪邴紹之言，唐太宗不怒志沖之請，雖屬勉强，亦末世所希。欽維皇帝，追法堯舜，憲章祖宗，遠邁前朝，高出萬萬。友龍鼓舞休明，心悦誠服，不勝忠義之忱，感發莫制，故敢敬獻芻蕘，以副明詔。伏願皇上，察其愚誠，赦其狂直，俯賜優容，不加誅僇。使天下以友龍爲法，不以友龍爲戒，則友龍幸甚，天下幸甚！』疏上，帝嘉納之。逾日，召見。帝親問官租所以累民之故，友龍一一剖析甚詳。至有佃種之家，男不娶、女不嫁等語，帝爲動容。當時朝議，以爲友龍所言，事關州縣租賦，恐有所挾私，請付外臣按問，於是特命直隸督臣胡季堂訊勘覆奏。命既下，友龍義聲振海内。及赴省就訊，沿途村民争持酒食邀留，復醵金以助其資用，皆謝不受。至省鞫問屬實，覆奏，奉旨準於官租正額歲減十之四，并飭州縣省，催科有不能完納者，亦不許擾累於他人，永著爲令。於是直隸數十州縣悉受其益；易州、獲鹿等縣，并有建祠以祀者。未二年，病卒。傳載《畿輔通志》。

樂善好施 九

吾邑趙壽三先生彭齡，善士也。性戇直，侃侃不干虛譽。少從河間名孝廉董式愈游，博覽群書，尊師重道。同治初，補博士弟子員。家僅中資，雅好施與。宗族鄉鄰、號寒啼飢者，罔不周濟。里有善舉，無不捐助以爲之倡也。村中素有差徭，歲費百餘金，鄰里苦之。先生商之父老，以其資創設義塾。晚年家中落，有勸爲子孫計者，則舉漢疏廣子孫多財之言以對。素精醫術，有求診視者，風雨無阻，兼施藥以濟貧乏，賴以全活者甚衆。惟豪於飲，多而不亂，嘗謂友人曰：『醫人甘作勞人，醉死勝於愁死。』其豪邁如此。光緒壬寅夏，瘟疫流行，爲人療治，染疫而卒，年五十有九，鄉人以『急公好義』表其廬。子存義，博學，舉茂才，能世其家。

杜石樵先生毓田，霸州富室也。性純厚，廓然無城府，樂善好施，不遺餘力。民國六年，畿輔大水，灾黎嗷嗷待哺。先生出銀幣六百賑之，附近村莊多所全活。十三年，水灾尤甚，又兼直奉戰後，道殣相望。先生又以秫米一百六十石周之，鄉人感激，以『樂善好施』『德重桑梓』十數額表章義行，閭爲之滿。子占鼇，精明練達，善居積，商界稱之。

武清李竹軒茂才，饒於資，性慈善，樂施與。民國六年，畿輔大水。武清地勢卑下，被灾尤重，冬月流民乞食者塞途。先生捐巨資周濟鄰里，全活甚衆。又製棉衣若干，無衣無褐者得以卒歲。十五年，兵灾繼以水患，又捐米百餘石。一鄉有此善士，鄉鄰有所恃而無恐矣。

石次卿先生元士，善人也。世居天津楊柳青鎮。仁厚性成，樂善不倦。每值凶年，必捐資以賑鄉里。光緒庚子，拳匪亂作，八國聯軍陷北京，蹂躪畿輔。凡洋兵過境，先生不惜多金，盡力供應，一鎮安堵如故。亂後變法，先生於青鎮自立中學校，不取學費，寒士得以就學。先生雖歲出巨資，而家業益隆隆日起。所有商號，均以『萬』字命名，人謂漢有萬石君，先生可與後先輝映矣。

霸州馮甫騫先生翥，君佐先生之孫也。富甲一邑，慷慨好施。民國十三年，清河水溢，平地水深尺許，堂二里一帶村莊都成澤國。先生捐資千圓，沿村賑濟，災黎咸感激之，公贈『輕財重義』匾額。子厚權茂才樹銓，博學多才，經商有術。孫旭光，天資高邁，留學德國，貫通中西，前途未可限量。善因善果，信然。

劉春如大令澤昌，武清名諸生，余侄倩也。弱冠有聲庠序，中歲投筆從戎，充前清第四鎮書記，以功保縣知事。民國七年，筮仕江右，歷官宜春分宜縣知事。化行俗美，吏畏民懷。十一年，辭職歸。十六年，兵災繼以水患，吾鄉與王慶坨被災尤甚。春如於歲杪捐麥若干石賑之，二村飢民，多所全活。吾鄉公贈『异鄉戴德』匾額。嗚呼！作善降祥，吾知劉氏子孫自當食其報矣。

寒族族長子青公，輕財重義。光緒甲辰，提廟產開辦小學，而款仍不足。公捐助學田三十五畝，學校於是成立，至今學界猶稱道弗衰云。

族叔祖鐵卿公，性端謹，熱心公益。吾鄉小學初創，學款維艱。公商之寡嫂王氏、孀弟婦孫氏，同捐良田六十畝，鄉人公贈『栽培後學』匾額。自開辦以來，充當校長，二十餘年，不取薪水，其急公好義如此。

族伯行之公，以瘍醫稱，家僅中人之産，而夙性好施。同治十年辛未七月，大雨經旬，户鮮蓋藏，人多菜色。冬月飢民流離失所，公捐米若干石，設立粥廠，災黎乞食者，多所全活。十二年癸酉，公長子伯薌兄舉孝廉，里人皆曰：『天之報施，何其速也！』

雨樓仗義

余友王雨樓廣文潤，薊之世家也。博學能文，弱冠舉茂才，官任縣訓導，罷歸。輕財樂善，見義勇爲。光緒末，薊人某購李安節先生塋地十餘畝，并拽倒其墓碑，勢將犁爲田矣。雨樓聞之，嘆曰：『鄉賢後裔式微，苟不設法維持，此後何堪設想！』遂出重資贖歸，且呈請州牧，諭令李氏後人修墓祭掃，永不得典賣，至今士林稱之。

玉堂佳話

順天王楷堂比部庭紹，性警敏，工吟咏，著有《澹香齋詩集》。舉嘉慶四年進士，由庶常改主事，滯秋曹二十年，兩遇禮闈分校，陳三元繼昌出其門下。是年爲嘉慶二十五年庚辰科，薦卷之夜，總裁黄左田宗伯鉞夢有人持阮元名帖來拜。既定元，竟以廣西卷書榜，知得兩元。大司農盧南石先生蔭溥謂黄曰：『夢合矣。』比部札述其備細於阮文達公，公答以詩云：『第一房中蓉鏡開，是科王分第一房。薦賢我亦夢中來。事從天定必成瑞，喜入人心真是才。魁首早知掄桂嶺，姓名端合藉雲臺。憑君入格非常事，應有朱衣暗裏回。』真一則玉堂佳話也。

虬髯公望氣圖詩

族叔曾祖菊香公，以明經工繪事，尤長人物。嘗仿陳老蓮筆意，作《虬髯公望氣圖》，有昂頭天外之致，一時同人題咏甚夥。永清王旭莊孝廉昕題一絶句云：『胸懷儘可據神州，逐鹿河干并駕游。别向扶餘開世界，英雄到底不低頭。』又族叔祖虚舟公題一絶云：『兩次因緣接异人，英姿颯爽邁群倫。天心八九歸唐室，雙騎蕭蕭已絶塵。』

風雨歸舟圖詩

族叔高祖苑臺公，善畫山水，野逸蒼古，有宋人風味。嘗繪《風雨歸舟圖》，族中人多題咏之。族叔高祖愚溪公題一絶云：『先生筆意寓元微，却羡漁人戀釣磯。纔近急流回短棹，不緣風險亦思歸。』先考右銘公題一絶云：『雨細風斜小艇孤，柴門雲樹影模糊。此時烟景歸來好，未識襄陽畫得無。』

李節婦

李節婦高氏，吾邑諸生李君振新之配也。素有賢名，事夫惟謹。年二十九歲，夫病，延醫療治，百藥罔效。高刲股和藥以進，病卒不起。數日，夫歿。矢志守節，撫孤成立。經理内政，井井有條，里鄙稱之。

楊烈婦

楊烈婦馬氏，余從堂兄錫三之女也。光緒丁酉，適天津宜興埠楊恩榮，後移居楊柳青鎮。庚子春，夫患痰疾，日久不痊。六月，聯軍陷天津，避難於大城縣之黄盆村。十月歸，夫卒，乃與前室已嫁女從容言曰：『上無舅姑，下無子嗣，吾將從夫泉下矣。』遂仰藥以殉，年二十有九。時值大亂，無人請旌。大城劉芷衫師爲賦《烈婦行》，詩曰：『鴛鴦共命生，芙蓉并蒂死。祇期見黄泉，豈企書青史？扶風有彼姝，繼配弘農氏。爲炊歌扊扅，謀生藉針黹。來嬪過丙申，大亂逢庚子。奔逃兵火中，夫歿因痰痞。幸矣狐首丘，傷哉魚失水。舅姑封馬鬣，膝下無麟趾。萬箭攢一心，仰藥歸蒿里。婦以夫爲天，夫亡復何倚？就義耻偷生，文山正如此。青松挺勁姿，雪埋終不靡。湘竹摧爲薪，泪痕依舊紫。誰能表其人，首向金門稽。』

楮葉集印譜

武清趙雪蘿先生野，道光中名士也。寄居津門，與崔念堂大令友善。弱冠游庠，工摹印，專摹漢銅，視文三橋、何雪漁，蔑如也。性孤僻，意所可，鎸十數方不爲煩；否雖貽以金繒，并棄其石不顧。常曰：『漢印有格律，有神韵，今人不師古，以意就《正字通》諸書配合，縱無訛字，亦刻篆字耳，何印之足云！』嘗假草木名字，用漢官私印式，刻爲《楮葉集印譜》。以性嗜刻石，又號石工，著有《天籟集》《吟扉集》《蓼蟲集》。

兩義僕

蔚州李氏有兩義僕。李先代爲盜所得，奴子某持刀力鬥，脱於難。又虎噙幼主，一奴以斧斫得免。兩奴皆受巨創，其家尚藏刀與斧焉。相傳奴本舊家子，遭難失身，忘其姓氏。大興李子文雲章有《兩僕行》志其事，詩云：『蔚州李氏兩僕忠且武，一殺賊，一殺虎。皆於危難中，挺身救其主。主曰余生實維汝，鄉里驚誇色飛舞。

書其大節能忘軀，事主之義如是夫。若兩僕者胡爲奴？此奴非碌碌，破巢之卵几上肉。惜哉姓名不得詳，我據所聞書兩僕。』

兩僕於今已黄土，主人猶存舊刀斧。嗚呼！刀與斧，亦區區，兩僕之武可不書？

雙烈殉姑篇并序

族叔著羲公

杜杏田世居霸縣之董家堡，妻劉氏，永清後奕劉壽會之女也。于歸僅月餘，杏田病歿，劉孀居廿餘載。杏田弟文田，娶安次王家堡邵氏，諸生邵維楫之女。幼從父讀書，嫁數載，文田卒。初劉、邵嘗相約，痛無遺孤，并擬追隨亡夫於地下，其姑王氏勸止焉。娣姒食貧居苦，事姑盡職，始終不懈。丙寅臘月廿五日，其姑王氏病歿，年已七十矣。劉、邵視姑含殮畢，即於是夜同仰藥以殉。劉年四十二歲，邵三十有八，邵孀居亦十數寒暑矣。

民國十六載，丙寅除夕前。杜氏雙娣姒，殉姑偕登仙。雙雙全節孝，里鄗咸稱焉。昔歲遭時疫，良人身棄捐。難弟與難兄，先後赴重泉。娣姒相對泣，復何有挂牽。皆無子與女，誓各殉所天。姑氏亟止曰，事姑賴厥賢。盍留雙白璧，慰兹垂暮年。

娣姒謹受教，齊收泪漣漣。同時意雙轉，二命爲姑延。姑食奉甘旨，姑寒進重綿。阿姑老多病，爲姑禱且虔。誓不禦綿襖，姑病果獲痊。姑也得其所，白頭樂無邊。傭媪欽厚重，愚孝荷天憐。相率競儉約，命蹇不求全。婦著百澣衣，如甘一勺饘。衣敝或微綻，燈窗自縫聯。舊服屢改作，色黯顔不鮮。將何易針綫，輾轉典花鈿。服盡嫁時服，未費夫家錢。勉受苦與幸，未嘗以言宣。止知盡婦職，直到姑長眠。互視姑含殮，同日謝塵緣。我備輶軒采，摭實成長篇。雙烈古無雙，譬彼星月懸。皎然燭萬古，豈待吾詩傳！

三世賢書

永清葉佩蘭先生，善士也。弱冠，登嘉慶戊午賢書。家素封，不樂仕進。讀書課子，以道義自娱。晚好方書，施良劑活人無算。有丈夫子四人，其三皆諸生。季子居棠，字敬之，同治癸酉舉人。工楷書，筆力遒勁逼近誠懸。孫十三人，游庠者七。崙字星垣，庚午舉孝廉。嶸字衣珊，光緒丁酉拔貢，博學能詩，與余爲莫逆交。永清縣令李秉鈞贈以『三世賢書』匾額，書種綿綿，甲於一邑，士林咸稱道之。

折獄 二

霸州崔少良先生雲騂，乾隆丙辰舉人，山東即墨縣知縣，清慎愛民。有訟子不孝者，戚族鄰佑皆具結，必欲置之死地，且許以重賂。幕友胥吏，咸謂不孝已有證據，獄詞衆口咸符，即循例治罪，亦不爲過。先生峻拒之，詳審案情。見此人現有繼室，所訟爲前妻之子，其中顯有別情，乃多方勸諭，俾父子如初。

又有豪强奸占民婦，勒死本夫，剥去面皮，棄尸山野。先生尋訪月餘，竟得實情，置豪於法，一邑無不悦服。卒於任所，士民哀戚，如喪父母。歸葬之日，邑民數十人，自備資斧，舁柩送之回籍，且爲建祠，至今祀焉。

武清沈梅村先生樹仁，光緒丙戌進士，官河南商丘知縣，以廉明稱。邑人某嘗商於外，鄉人以其歸也，醵金招飲，商於夜間暴卒。其子訟之，誣鄉人謀害。先生相驗畢，略訊數語，隨即至會飲之室，見老屋數椽，承塵已敝，問被告者曰：『汝等宴飲，用何酒餚？』對以種種。問有宿肉乎？對以酒餚既備，先一日置此室中。先生令仍照所用者備之，置原處，且備火器，與差役於暗中伺之。是夜明燭輝煌，室中闃其無人。三更後，承塵上隱隱有聲，出一大蛇，循壁蛇蜒而下，昂首垂涎，滴入盤内。先生於簾隙窺得真切，發令鳴銃，蛇立斃。傳兩造示之曰：『死者實受蛇毒，今已除其害矣。』冤情由是得白。案結，邑人奉之如神。先生嚴絶苞苴，清勤公正，人因其面有黑志，呼爲閻羅包老云。

士之楷模

余業師劉宿齋夫子，諱子儒，吾邑名諸生也。持身端謹，不苟言笑。家貧嗜學，於書無所不窺。講學授徒，力闡程朱義理，尤通音韵，手鈔《左傳事緯》及音韵書若干種。宗族稱孝，鄉黨稱悌。精於易術，秘不示人。自知死期，年四十餘卒。昔人稱盧子幹曰：『士之楷模。』余於先生亦云。

馬貞女

貞女馬氏，余從堂兄梅溪茂才之長女也。少孤，從母李氏讀書，嫻詩禮。許字同邑孫家郁，未嫁而家郁歿。凶問至，毀妝哀泣不止。家人解之曰：『從一而終者，指已嫁者言之。』女曰：『不然，今已許字孫氏，夫婦名分固已定矣，烏得不爲夫守乎？』母知其志不可奪，遂輿送夫家，臨喪一痛幾絶，見者皆爲感泣，時光緒壬午三月也。姑病，嘗割股療疾。二十九年癸卯，邑宰上聞，以『松筠節操』旌其門。

蘇貞女

蘇貞女者，宛平士人蘇文焕之女也。讀書知大義，許字邑人段氏子。迎娶有日矣，夫病故，女守從一而終之義，貞節自持。民國三年十月十六日，往夫家抱栗主成禮，一時聞者莫不起敬云。

從叔禹門先生傳

武清曹星焕子蔚

先生姓曹氏，初名芸陵，字雅堂，後易名貢齡，字禹門。先世在唐爲定陶人，乾符中，黄巢之亂，避地淮南山陽縣。明永樂中，徙大姓實畿輔，始遷。祖諱資，占名數於武清縣之王慶坨，世力農。至臨溪公，家漸饒裕。臨溪公諱寵，先生八世祖也。齒望兼邵，以耆宿膺章服之賜。曾王父含樸公，諱汝良，增廣生，德茂行高，里黨宗仰。王父子獻公，諱廷琛，積學未售，以乾隆己亥副貢生，晚除盧龍縣儒學教諭。父硯農公，諱文田，操履方嚴，恪守含樸公家法。含樸公曾孫二十五人，惟先生與先君子以沈雅謹素相愛重。歲丙申，余小子年十三，初學爲制舉文。先君子命受業於先生，曰：『經師易得，人師難逢。阿叔禹門，其足當人師無愧乎！』小子謹受命，前後執經十餘年。先生喜余劬讀异常兒，講授娓娓不倦。每呈一藝，往往改竄至通幅，必求妥帖而後已。己酉、庚戌間，余負笈都門，從海鹽沈文節師游。師謂文體修飭，淵源應有自來，輒舉初學師承以對，師嘆异焉。先生之教小子也，以壬辰鄉舉三上公車不第，猶是情纏典素，聊慮固護，隆寒熾暑，達曙通宵，耽古嗜學如此。

時硯農公、母曹太孺人皆健在，攻苦少暇，而定省無間昕晡。值硯農公疾，困篤床褥幾兩年。先生躬侍湯藥，解衣就寢時殊鮮。硯農公卒，居喪有聞。洎後居曹太孺人憂，先生年垂六十，孺慕依然，哀動行路，則生平之篤孝可知也。

當癸丑計偕報罷，先生年甫五十。會大挑縣尹，先生名列一等。及時進取，誰兩奉司檄，攝保安州、臨榆縣各學篆。保安僅一月，乞歸，臨榆并未之官。授徒營甘旨者纍年，蓋篤於庭闈而淡於仕進，其所性然也。

束廣微補《白華詩》三章，著孝子之潔白，始則曰『如磨如錯』，終則曰『無營無欲』，蓋未有不潔白而能事親者。子夏序詩時，已有『白華廢則廉耻缺』之慨，後世何論焉？先生自少至老，非必不得已，未嘗過人一飯，皭然有第五伯魚風，況取捨之大焉者乎！使先生一行作吏，獲展布於時，風政修明，激貪厲競，雖古廉吏，何以逾此！乃春闈屢躓，鬱伊以終，有伯道無兒之嘆。嗚呼，是何傷已！先生卒於同治丁卯七月某日，年六十有三。娶靜海縣嘉慶甲戌進士順天府學教授張净友先生女，名夢蓮，第三女。善事舅姑，宗姻有聲。生子二，早夭，以弟長齡三子星軺爲嗣。女一，適永清縣咸豐壬子舉人朱遴之。侄星橋，增廣生。侄孫、奇孫、緒孫，相繼入邑庠，彬孫癸巳恩科舉人，均能守先生遺書云。光緒二十年二月，受業侄星焕謹序。

快雪堂帖

涿州馮閣老銓，雖事兩朝，而收藏甚富。嘗刻叢帖，以晋王羲之書《快雪時晴帖》墨迹摹勒爲一帖。築堂儲石，名其堂曰『快雪』，名其帖曰《快雪堂帖》。後其石刻轉鬻於閩之黄氏。乾隆時，閩督楊景素購石以獻。清高宗築堂爲廊以嵌石，仍名其堂曰『快雪』。今收藏家品評此帖，以涿拓者爲佳，建拓次之。

跋近野軒詩集

武清曹書言先生，清初隱君子也，以茂才早棄舉子業。性耽吟咏，博學工詩，著有《近野軒詩集》四卷。其篇什之佳，陳、魯、周三公之序言之綦詳，無待贅述。其集鐫板於乾隆十四年己巳，距今年己巳，歷百八十年之久。其五世孫子純姻臺將重印之，余聞而嘆曰：『今而知世家之繼起有人，爲不可及也。』昔任彦升文章數十萬言，爲南朝名士，而西華冬月葛帔，論者傷之，况五世乎？今子純克承先業，不愧爲賢子孫，誠令人仰慕家風，爲之嘆美而不置歟！

除暴安良

韓翠陽先生柳，霸州諸生也。性孝友，睦姻任恤，見義勇爲。年二十五歲，適當清初革故鼎新，善政首畿輔，法尤嚴於所親。有催長等，乘麥秋牧馬。州人側目忍泣，無敢言者。先生奮然曰：『聖明在上，忍不聞乎？』赴院擊登聞鼓，奉旨飭禁，至今利之，時人爲之建碑以表其行焉。

提倡善舉

吾邑于式周先生憲章，慷慨好義。居邑南之裹郎城村，村北爲清苑烈婦殉節處。每值夏季，士民致祭。先生曰：『自結婚自由之説起，疇復有談節烈之行者。閫範日衰，殊可慮也。』乃商之邑中同志，建烈婦祠。先生首先捐金，同人咸贊成之。民國九年春，祠宇落成，皆先生提倡之功也。

鴻雪集

蘭友郭潤之先生通才博學，咸豐辛酉科，誤中副車，就職州别駕，筮仕湖北。每遇佳山水，多所題咏，有《鴻雪集詩草》。嘗記其《新鄭道中詩》云：『乘輿曾説濟人行，何故無人使路平。想爲後賢留治法，不經曲折不分明。』人情練達，言之有味，殊可誦也。

良友良醫

鹽山李曰綸茂才恩紓，良醫也。幼聰慧，弱冠補博士弟子員。時值維新，易科舉爲選舉，遂習歧黄。其堂兄芹芳先生，余舊同學也，故得久耳其名。今年余客津門，秋月忽抱采薪，先生設帳於孫馨遠督軍津寓。望衡對宇，延先生診之。先生曰：『子之疾，内有濕熱，外感風寒所致。』授以方療之，三日而愈。余往謝，見其所讀醫書陳列滿架，知其於此道三折肱矣。從此訂交，稱莫逆焉。

餓鄉記

永清賈東瀾先生澎，康熙中名諸生也。博雅能文，未冠，補博士弟子員。屢躓秋闈，杜門窮經，著述宏富，有《耕餘集》，惜未刊板，至今文稿散佚，僅於永清舊志中載《餓鄉記》一篇，其詞曰：

距醉鄉、睡鄉三萬六千里，有餓鄉焉，王子、蘇子之所未曾游也。其土地、人物，與二鄉略同，然其俗，節尚介，行尚高，氣尚清。磨勵聖賢，排斥庸俗，則又二鄉之人所未逮也。非大聖人，孰能居之？昔者伯夷、叔齊造是鄉，愛其境，婆娑不忍去。鄉之人謂夫夫真而主也，爲築壇拜之。後凡有過者，悉稟問納否。孔子去衛適陳，道經是鄉。伯夷率鄉人郊迎伏謁，禮甚恭，且致位焉。孔子笑不應，然重違其意，乃偕諸弟子爲停驂者七日。其後曾子、顏淵、原思輩，嗜其趣，數往游焉。或三旬九回，或并日一歸，與夷叔兄弟甚相得。於陵陳仲子，投是鄉三日，希見收於伯夷。夷笑而麾之曰：『若避兄離母，非吾徒也。』去其籍，故世稱仲子者，咸於陵之，而不以餓鄉繫也。

漢周亞夫慕是鄉高誼，棄通侯之貴，徒步款里門。伯夷蹙額曰：『亞夫粗人，豈足以辱吾土哉？』然恐絶來歸者心，顧左右構數楹於里門，使居之，亞夫樂焉。而幸臣鄧通亦貿貿然往，夷齊勃然怒曰：『吾鄉清白鄉也，豎子敢來相浼！』命左右捽之數十里外，撲死之。

司馬遷未深考，誤謂鄧通老是鄉焉，豈不誣哉？伯夷既誅鄧通，不懌者纍日，因使人延晋處士陶潛，以其高風，蕩滌污穢。潛亦舍彭澤令，與夷齊交，稱莫逆焉。潛習游蕩久，每越境與王無功游，夷亦不之禁。

梁武帝爲侯景所逼，逃入是鄉，伯夷不納。因叩頭力請不肯去，卒免侯景之刃。夷懼爲天下逋逃藪，爰集鄉人，更訓典，嚴條約，日出數十人，覘於客路上。凡有聖賢豪杰、孝子忠臣、高人義士辱臨者，迎之致敬，無敢失禮；其爲賤隸鄙夫，有托而逃者，撲殺之無赦；至於富貴要人之命，至此亟之去，無辱唇齒。自是之後，游者雖日以衆，而得入其門者蓋寡。其幸得邀優款，去來不阻者，若唐韓愈，宋吕蒙正、范仲淹而外，迨不過數人。近世士大夫，罕有問津者矣。

吾友仲樂園，嘗游是鄉，歸而言此中佳景，非俗人所知，余初未之信。歲丙辰，樂園招余同往，涉半途，苦其路險巇，甚不可耐。復勉行數百步，入外郭，覺有异，後漸至佳境，則似别有天地。其山茫茫，其水淼淼，其民渾渾噩噩，忘貧賤富貴。

三光如飛彈，大塊如轉圜。下視王侯將相，與一切持粱齧肥醉飽而死者，直螻蟻不啻焉。夷齊爲余言是鄉來歷及君子之至於斯，且言：『先時虞帝大舜及商臣傅説、膠鬲，故嘗游是鄉。後有管夷吾、孫叔敖、百里奚其人者，謁吾徒而來請，後皆不久留，梯青雲而去。非惡此而逃之也，蓋天將有意於斯人，必先使閲斯鄉而磨礪之。三君其亦借徑於吾鄉歟？』余無以應。然樂其鄉之不吾拒也，輒數日一往，往則與夷齊上下其議論，久亦暢然。快吾二人爰得樂土，而悲王與蘇之未獲從吾游也。士之有意斯鄉者，自行束脩，吾將誨之。

齊孝孫碑

潘祖蔭

光緒十四年九月二十七日，兼管順天府尹事務臣潘祖蔭、府尹高萬鵬言：臣才謝岳牧，謬兼上圻，風教罕敦，夙夜惕若。

今有東安縣留犢村民齊占魁，至性天挺，不學而能。光緒十三年三月，祖母病作，醫巫告凶，占魁禱於涿州之北塔，蘄以身代。天監厥衷，祖母果瘳。占魁乃躋塔之顛，下實於地，身祖母身，還以委之，時今年三月二十二日也，年二十九。

州上其事，禮臣難之：毁傷之戒，前聖所訶；之死則愚，不可以訓。臣伏案：光緒六年，刑科給事中臣樓譽言會稽縣附生王繼穀，母疾身代，自沈鄞之月湖，得旌如律。占魁所履，與王一軌。伏望聖慈，孝治宙合，臣今之請，幸荷矜許。光侑鴻化，愧厲元元。謹援事以聞，制曰可。夫章志貞教，司土職也。去聖日遐，彝教隤弛。一孔之儒，經術自文，親而一本，猶秦於越。若占魁者，可以風矣。銘曰：百行觥觥，惟孝權輿。孝根厥初，不繇詩書。自禰上之，若祖父母。休慼一體，曰厚所厚。昔蜀李密，卷卷報劉。一疏萬古，日星匹休。李報以生，齊報以死。後先相輝，爲國之紀。伐石樹德，邳張穆風。上燭有昊，下垂無窮。

墜塔吟 魏乃勷

百尺塔，七尺身。廣川稱孝女，景州牧彭公女墜塔殉母。涿鹿見孝孫。孝女出華胄，孝孫爲細民。民何知，有至性。一生惟憂祖母病。民何能，有卓行。一死可延祖母命。浮圖對起督亢戍，涿州有塔二，相去不數武，北曰智度，南曰靈居。春來鳥鳥斷腸聲。滿腔雪灑作花落，黯然塗地紅光生。吁嗟乎，文人侈口談倫理，鄉曲之民乃爾爾。我方據案講《孝經》，廢書一嘆泪如水。

孝孫吟　俞佳鐘

王母疾，孝孫泣。王母起，孝孫喜。一解昔禱神，代以身。今遂志，長辭世。王母勿心酸，兒死心安。二解西去涿州有浮圖，孝孫視之如坦途。奮身一踊，天爲傾，地爲動。三解迂拙兒性，短折兒命。兒之命，不足惜，但願王母之壽永永無極。四解孝孫身，服襏襫。孝孫腹，無典籍。孝孫能如此，儒衣儒冠俱愧死。五解

王節婦傳　族叔著羲公

節婦姓馬氏，邑諸生馬丕顯之第八女也。生三歲而父卒，稍長，能明大義。女紅餘力，輒習書算。年十七，歸同里王布衣景春。當是時，其舅既歿，姑胡氏躬治家政，務尚儉德。家故貧，歲穫，悉囷儲之，焙秕糠和麵少許炊餅，共諸婦食。氏之娣姒往往爲苦，氏獨怡然，嘗曰：『姑年邁，且食之矣。』迨姑病篤，思噉肉。氏造母家，索進，姑食而嘆曰：『汝爲王家婦，循循盡職，食貧居苦，從無怨色，吾何幸而獲此佳婦也！』蓋能得親心歡者如此。

姑歿，歷十數稔，家計漸康。景春竟遘酒疾，病榻兩易寒暑。歲逢戊寅，遐棄

塵世。女雖出嫁，子俱幼稚，長方十一，曰耀興；次耀成，僅五齡。撫之育之，備殫勞苦。况值饑饉頻仍，煢煢孤寡，惟托命於針黹。耀興讀書，旋輟歸農。耀成九歲學於鄉塾，性聰悟而至於道，光緒癸巳補縣學生，現充尚實公校教員，以文會友，筆耕養母。君子謂氏之晚節，庶足娱悦矣。

馬鍾琇曰節婦母家固與余爲宗族，以故叙記其事而莫之或敢以溢美之詞也。嗚呼，亦猶人耳，獨能翹節風世，克造厥家。其有功王氏者，詎淺鮮乎哉？吾聞之新歲之初，里俗盛賭，氏當二子少日，歲時伏臘，每以書算課子，并能誨之禮義。而耀興昆弟，俱能潔身自持，以孝友稱於鄉里，其得諸母教，有以也夫！

王節母哀辭

族弟志恒子久

猗歟節母，德音遐敻。少秉貞懿，長端恒性。扶風方義，爰適太原。少君挽鹿，不慕乘軒。奉姑睦姒，庭有餘歡。龍蛇應歲，仲宣殞年。青松之操，歷久彌堅。丸熊課子，恩格自天。方當大耋，孫曾列侍。家富詩書，人多秀异。不謂幽容，忽焉永棄。明明風烈，新秋揮泪。嗟余生晚，幼識端儀。遠維吾祖，同是連枝。焚香酌醴，載陳此詞。嗚呼哀哉！

紀南園自爲墓志

紀南園廣文汝倫，文達公猶子也，以名孝廉官滿城縣教諭。博學多聞，性情曠達，仿唐韓昶、杜牧故事，自撰墓志一篇，亦士林中雅談也。其辭曰：

居士以乙酉科拔貢生，中戊子科順天鄉試，辛丑大挑二等，以教職用。癸卯赴滿城學任，尋丁母憂，服闋，補懷安，引疾，未之任。纂輯《周易薈要》五卷、《毛詩薈要》十二卷，校刊先人遺書《養知録》八卷。壬子，叔父文達公覆勘《四庫全書》，于役灤陽，奏明携帶子侄，協同檢閲。得至文津閣，恭校秘籍。今上御極之三年，舉行臨雍盛典，又叨預觀禮。禮成，蒙賜金鑄銅章一方，曰『戊午圜橋聽講人』。己未，視仲弟於浙西，有詩二卷。壬戌，游閩，有《閩游草》。甲子，游豫，有《中州集》。

族叔祖頡雲公事略

公諱驤，字子龍，號頡雲，安次馬氏。明永樂中，遷九省大姓實畿輔，先世始自金陵徙居安次縣之得勝口村。曾祖慎銘、祖玉瑞。父慶恩，歲貢生，候選教諭，篤守程朱義理，著有《四書輯評》《畿輔書征》，有傳。

公家素封，樂施與。賦性聰慧，爲文如素構。收藏甚富，藏書十餘萬卷。與余同學三年，多蒙指導。清光緒三年丁丑，童試冠軍。科歲試屢取優等，廩於學官。己卯壬午，兩試秋闈不售。乙巳貢成均，例得州判，不求仕進。以次子官比部，晋封中憲大夫。

壯歲豪於飲，因以酒致疾，遂棄帖括。獨居一室，猶手不釋卷，吟哦其中，著有《竹蔭齋集》。公熱心公益，培植後生，不遺餘力。辛丑，國家變法。丙午歲，自立樂群學校，又設東語專修社，俾里中聰穎子弟，兼習和文，不收學費，不藉公家補助。二十餘年，卒業者數百人。京兆尹王公以『嘉惠士林』匾額奬之。

民國六年，清河决口。邑南褚河港村地勢卑下，在水中央。一村多不舉火，公出巨資賑之。十三年，霪雨爲灾，吾鄉一帶都成澤國，公又捐助銀幣千圓，周給之。

附近二十餘村多受其賜，各村公送『救災恤鄰』匾額，以彰義行。十九年二月，得河魚腹疾，竟致不起。十二日卒於里第，春秋七十有七。

嗚呼，以公之才，取青紫當如拾芥，乃四十餘年之久，以病困之，僅以明經終老，其命也夫！公自中歲後，篤志奉佛，寫經造像，遍於一堂。素衣蔬食，以藥餌自衛，是非不出於口。接待鄉里後輩，屈己下人，卑以自牧，人皆以長者稱之。

配曹恭人，先公九年卒。子五：長鍾琦，貢生。次鍾琇仲瑩，北洋法政學生，前清法部主事、民國衆議院議員、公府顧問，叙簡任職。鍾璿、鍾瑄、鍾璞。孫六：敦文，京兆第一中學畢業。敦厚、敦育、敦元，肄業於平中匯文中校。曾孫一。余與公同塾同游，相知最深，謹就所知，略述梗概。十九年二月十四日族孫翺謹識。

附録挽詞

坡潁交游久，傷心哭老泉。風來殘雪地，雲暗早春天。德業尊先澤，才名付後賢。愧無高密學，絳帳得薪傳。

愚侄王守恂仁安 天津

六詩三筆各專家，耄壽邱樊玩物華。伏勝守經貽子弟，陶潛飲酒是生涯。春燈元夜都沈寂，風燭年光一嘆嗟。此去鈞天聞廣樂，人間萬事付摶沙。

愚侄顧祖彭壽人　上元

絳帳傳經漢大師，家風直與古人期。多文爲富書千卷，白日狂歌酒一卮。生具善根堪證佛，没無遺憾有佳兒。齋餘竹蔭春常在，津水招魂寄寤思。

愚侄吴壽賢子通　南海

平生膠漆兩相投，衹有文淵與少游。一束生芻空自惜，百年風木爲君愁。篋中什物分明在，架上遺書忍讀不？手澤猶存人已渺，故應流涕到箕裘。

愚侄張同書玉裁　雄縣

鼙鼓聲中哭老成，哲人其萎衆心驚。栽培多士沾嘉惠，拯救灾黎感至誠。福備箕疇常自在，壽臻耄耋葉長庚。書遺竹蔭留芳澤，五桂齊榮繼令名。

愚侄胡浩如秀漳　紹興

正是東風吹律轉，忽驚魯殿圮靈光。塵揚桑海經三見，世艷君家有五常。奕葉名山傳撰述，孫枝流澤益芬芳。儻依永樂移民典，邦族還宜返故鄉。君先世江甯人，於明永樂中，遷實畿輔，占籍安次。

鄉愚侄俞殿荃枚引　句容寄籍金壇

碧梧先生弱冠擅才華，書卷收藏富五車。叢稿一編珍片羽，廣培多士樂無涯。室憶玩芳叟，竹蔭齋傳遺老家。病入新春聞噩耗，我來拜奠泪如麻。

世愚侄信毓泰仲芬　安次

早聽鄉評好，今之陳太邱。名山饒著述，佳日恣優游。廣厦孤寒庇，新亭涕泪稠。貞珉容待勒，姓氏足千秋。

愚再晚李鳳石維翰　天津

少時三載研同磨，老去分離可若何。皓首耆英傷訣別，青年後學感恩多。荷公高誼難酬報，喪我知音失切磋。書卷凋殘同調盡，寒窗風雪一悲歌。

才高共許擢巍科，兩躓文場唤奈何。萬口交稱推博學，一身不幸累沈疴。芸編架滿仍存在，竹蔭齋空未忍過。公書齋名。金榜無名似羅隱，文章憎命古來多。

耄耋勤修自琢磨，前年避在天津，猶日誦詩文。忽辭濁世痛如何！幼承指導情長切，老哭心知泪更多。積學如公真博雅，無成似我愧蹉跎。靈輀載道增凄慘，怕聽當前薤露歌。

族孫鴻翺鵬卿

早歲播文名，謙謙本性成。大人期虎變，雲路限鵬程。勸學興鄉校，儲材及後生。凄涼試燈夕，感舊不勝情。

族曾孫樹幟佑武　以上挽詩

家有萬卷書，道德在躬，一旦何期驚撤瑟；

子爲天下士，治安挾策，當年猶幸附同舟。

愚侄周學煇實之率子明龢　秋浦

少游款段安山澤；
文範鄉賢謚太邱。

愚侄俞殿荃、顧祖彭

河北著名家，學富五車，詩酒逍遥真事業；
畿南稱望族，書藏萬卷，梓桑潤澤老明經。

愚侄嚴倬、侗臺孫 天津

隱德著鄉閭，競爽聲華看鵲起；
間懷耽翰墨，游仙詞句愴鸞吪。

愚侄楊晋拜蘇 錢塘

曾共次公游，執贄無緣親絳帳；
堪嗟前輩少，沾裳有泪續桐江。

愚侄李國瑜寱庵 貴州

澤國拯哀鴻，施飯千金豈望報；
名山搜秘籍，牙籤億軸想遺徽。

愚侄張豫駿翼桐　南皮

樂善賑枌鄉，取喻耳鳴識陰德；
班春摧竹蔭，重披手澤感遺文。

愚侄朱士煥燮辰　上元

看山鳥泪，望壟雲悲，遺老勝朝稀，故社枌榆思大隱；
問字亭空，祭詩龕冷，上元佳節近，後堂絲竹鬱深哀。

姻再晚李鳳石

銜寒游子遠歸來，方喜趨庭，遽悲陟岵；
習静蕭齋觀自在，一編雅集，千古傳人。

愚侄趙元禮幼梅　天津

愚侄王武禄緯齋　江都

操履稱鄉里善人，泰斗同膽，守道奚嫌身未達；
著述比文獻通考，塤篪迭奏，承家尤幸子多賢。

愚侄陳寶泉筱莊　天津

棄儒生業數十年，留有精神宏教澤；
頌佛佗名千萬遍，定歸極樂放蓮華。

愚侄高凌雯彤皆　天津

停杯病酒，尚享高年，想見是翁真矍鑠；
築館藏書，盡遺後嗣，合稱今日小玲瓏。

愚侄李金藻琴湘　天津

輿誦廿餘村，衆人有母；
楹書十萬卷，令子克家。

詞林舊價留青簡；
風木深悲在素衣。

愚侄孫松齡念希　蠡縣

屈橫舍垂廿七年，一卷自携，坐羽陵宛委書城，感慨每無端，白日放歌杯在手；
不如意常八九事，萬方多難，鬱勸學惠工幟志，經綸剛小試，青春元夜賦招魂。

愚侄陳惟壬一甫　石埭

證果公應歸净域；
鑿楹書好付佳兒。

愚侄曹經沅纕蘅　綿竹

無廊廟氣，無山林氣，允推當代名儒，教子有義方，萬架縹緗綿世澤；
是文學家，是慈善家，大庇一方寒士，老成遽凋謝，滿城桃李泣春風。

馮文洵問田　天津

愛酒不重官，獨整殘編忘理亂；
恤鄰曾發粟，長留陰德與兒孫。

前唐山縣知事聞祖念繼繩　泰興

一卷華嚴證妙果；
百年世澤惠蘭孫。

世愚再侄劉節子植　永嘉

生子繼先賢，謝朓每篇堪諷誦；
懷人敬遺像，林宗异世想風流。

世愚晚張警吾　三原

慈善爲懷，博施濟衆；
義方訓子，成德達材。

愚侄北平黎全林桂山　錦縣

寫經造像，閉户讀書，春秋届七旬有七年，曩昔共稱仁者壽；
嘉惠士林，救灾鄰里，噩耗傳二月十二日，從今不見古之人。

姻晚戴蘊璋育珊　天津

立説著書，竹蔭遺文傳後世；
種德獲福，蓮華國土是公家。

姻愚侄趙雲書式恂率子瑜、璧、璞、瑛　武清

卅載貢成均，著作等身，玉樹芝蘭看繞膝；
八旬登上壽，慈仁普被，梓桑戚鄙共銜哀。

姻愚侄曹葆珊紹潭　武清

興學賑灾，一片冰心成正果；
超塵遺俗，數聲杵韵息高歌。

姻再侄高銘勛同弟銘鼎牧几　膠州

惟哲人無懼無憂，碩德遠謀，身後留貽黃卷富；

有賢子好仁好義，振灾興學，目前瞻望白眉多。

姻晚徐壽仁子静 文安

大雅云亡，事業已歸前輩録；

老成凋謝，典型留與後人看。

晚生朱玉楨聘之 安新

一室獨居，哦詩奉佛，無异當年王摩詰；

五桂競秀，樂群興學，可稱今世竇燕山。

姻晚王祖繹巽言 文安

習静自中歲以前，儒釋同參，抱道深爲士林重；

化去先上元一日，慈祥足式，博施霑被梓鄉多。

姻愚侄王汝觀、汝楨怡聲、汝澄 文安

樂善好施，望重一方保障；

耆年碩德，允稱當代完人。

姻愚侄倪鶴清松樵率男文鐸、文錦　安次

發粟拯災，如公合稱長者；

育才興學，吾鄉能有幾人。

愚姻晚王熙曾敬文　安次

與人無忤，與世無争，恬退自甘，葆真而去；

布教於鄉，布惠於衆，元善所庇，有子必昌。

得勝口尚實學校、新民女校全體師生

仁聲達通邑；

厚德積一生。

安次縣第五區警察保衛團第十四團

名標耆舊傳；
象應少微星。

孟廣思慎修　安次

年逾古稀，爲隱君子；
積有明德，後多達人。

鄉姻晚王耀輿、耀成德修　安次

皓首切窮經，好學似衛武公，榮世文章歸正格；
青箱能啓後，有子如王貽上，次公子工詩，張中孚擬以王阮亭。等身著作紹先型。

愚侄王慶鐸木齋　安次

心病歷半生，乙酉致疾，庚午考終，否運如君誠太苦；
齒長僅二歲，弟竟先亡，兄今尚在，衰年剩我獨何堪。

族兄樞向辰

卌年久抱沈疴，致阻飛騰，未擢巍科酬壯志；
三子均承教澤，永無報答，止餘熱泪哭窮途。

族孫鴻謙吉卿

泯一切觀，證平等果；
游大千世，登極樂天。

族孫志恒子久

樂善好施，潤澤桑梓；
崇儒重道，嘉惠士林。

族孫志捷克之、志純粹中

一載前拜別慈顏，蒙公謬譽鴻才，曾獲趨承親杖履；
千里外警聞噩耗，恨我從戎蚌埠，未能旋返挽靈輀。

族曾孫榮袚介吾

齒德兼尊，猶執謙恭延後輩；
文章具在，長留著作擅名家。

族孫熙黻文卿、熙杰蔚青

撝謙能好禮；
博愛更親仁。

族孫堪爲

倒屣示撝謙，常恐接物不周，直至暮年猶此志；
陟岡空灑泪，最是孔懷誼切，每思遺範倍傷神。

堂弟騂鐵卿、驥櫪卿

頡雲老伯中年後，耽孾内典，兹證佛果，敬録《心經》，用資冥福。

武進愚侄管鳳龢洛聲

跋

《桑梓紀聞》二卷，吾家鵬卿明經著也。明經博極群書，尤邃於史學，并有經世志。中歲後，值清廷變法，曾游日本，考察自治。歸國，日鑒時勢已非，遂絶意進取，戢影林下，惟以著述自娱。已脱稿者，有《中外名將傳》《古文比》《丁鶴年詩注》《蒲氏紀氏嘉言合注》《雲鶴山房詩集》，凡若干卷。嘗手鈔《朱高安史傳三編》一書，蓋侍其尊人右銘先生時，病榻畔之所録也。其表彰節孝也，尤能不遺餘力。民國初元，琇重修邑志，輯《列女傳》，采用其稿甚多。大城劉芷衫先生贈其詩云：『滄桑雙淚眼，忠孝一生心。』是能道其心事者。兹編所紀，多耆舊軼事，間及鄉先輩詩文，體例大較與《襄陽耆舊記》《京口耆舊傳》《敬鄉録》《浦陽人物記》諸書爲近。其文則史，足備考證，與小説、雜記有殊，讀是編者，或許余言之不妄耳。右銘明經兄與先大父蔭軒公志同道合，莫逆於心；鵬卿少與先大父同塾讀書；琇十三齡，曾從明經讀書西園。兩家三世，以風雅、道義相結合，良非偶然。琇遭逢亂世，今且垂垂老矣，深負期許，不禁嘅然。庚午天中節，仲瑩鍾琇跋尾。

鳴謝

以收到捐項先後爲次

此書出版

大城崔拳石先生捐助印刷費五元

族叔耀鄰公十三元

青縣董甥敬齋五元

武清曹君虎臣十元

天津戴甥玉山十二元

族叔雲舫公五元

族叔著義公五元

族叔實甫公五元

特此鳴謝。

歷代淑女彙編

癸未菊月

孝烈婦董氏行并序

劉鍾英

董氏，文安人，家赤貧，鬻身養母，大城王幼庵增翻，納爲簉室。王選康平縣學博，未赴任。乙卯八月上旬，病卒於家。董絶粒以殉，年十九歲。邑紳爲之請旌。征詩，余敬其孝烈而歌之曰：

曾聞樂府董嬌嬈，花妒顔容柳妒腰。更有裙釵生北地，絶勝金粉滿南朝。南朝艶曲歌桃葉，王家大令來迎接。子敬人琴一旦亡，未聞死有相從妾。董家孝女出文安，白屋風凉縞袂單。養母苦求供菽水，鬻身何惜種燕蘭。此時月老牽紅綫，烏衣門巷人人羨。忍別高堂白髮親，啼痕界破新妝面。天壤王郎字幼庵，康平學博慶彈冠。方欣紅袖圍銀燭，不料青霄下玉棺。王郎永訣中秋節，少婦肝腸皆斷絶。拼教絶粒殉夫君，相見黄泉心似鐵。貧家曾未讀詩書，大義偏能昭日月。同里衣冠爲請旌，平舒一邑有光榮。海棠斷送三更雨，湘竹同留萬世名。天厄佳人何太苦，香炷斷頭釵折股。小星甘逐少微沈，月宫罷奏霓裳舞。古來董宛重甲林，艶福何人堪比數。緑珠慘墜鳳凰樓，小青遭毒胭脂虎。嗚呼！孝烈芳魂二九春，自由薄俗可還淳。

便當銘勒鴛鴦冢，壓倒隋家董美人。

節烈婦陳俞氏傳

陳俞氏，邑老儒俞生女也。幼從父讀書，知大義，長適軍廬村陳才，家道小康，而夫好博。有縣署某差役，兄弟皆强悍，誘與之賭，役故善博，且多方朦朧，遂至負資甚巨。役逼令自書借券，并留産作抵。同賭者爲中保署名焉。年餘不能償債，遽奪其田。夫與理論，爲役所毆，因控於官。役重賂邑宰，出其券，以爲借債之證。宰簿責役，以泄其忿，仍令照數償之。俞年方二十四歲，痛夫慘死，欲以身殉焉，繼念無人爲夫伸冤，又以才斃於杖下。乃上訴於南路廳，同知周之辰，受役重賄，姑奉養需人，乃誓志爲夫復仇。適值慈禧太后謁東陵，俞冒死鳴冤，得旨，交刑部嚴審。役如律抵償，訟結歸。姑已歿，俞曰：『吾事畢矣。』遂絶粒而死。事在光緒十四年。二十一年冬，奉旨旌表。

贊曰：唐謝小娥，爲夫復仇，論者謂巾幗英雄，斯人不再，不意千百年後，更見之也。當閽上訴，雖威武不能屈。覆盆之冤，一旦而白，非精貫天人，何以至此！

嗚呼，以當謝娥，無愧色矣！

俞淑媛歌爲陳俞氏作

大城劉鍾英子山

債主猛於虎，毆夫死於賭。妾赴公堂訟奸胥，官庇奸胥，仍執借券追亡逋。叩閽哭向東陵走，哀訴謁陵皇太后。奸胥兄弟斬復流，夫仇既報，妾即入地從夫游。淑媛遇人何不淑，哀感三靈同一哭。是時光緒之初元，詢諸東安一邑無間言。

嗟哉穆氏行

穆氏，不知何許人。光緒中，僑居安次縣之東沽港村，行乞以養其夫，亦一奇女子也。大城劉子山先生作《穆氏行》以紀其事，詩曰：

齊人驕妻妾，見笑孟夫子。我作嗟哉穆氏行，孟子聞之應亦喜。穆氏不知何許人，有夫瞽目無生理。光緒年中乞食來，東沽港中作居址。瞽子不能乞墦間，翻其白眼但能啼飢號嚮天。婦乞乾糇讓夫食，身雖萬苦心怡然。又恐嗣緒不能接，亟爲瞽夫納瞽妾。連舉雙男衍瓞瓜，何須一棹迎桃葉。婦有才幹身甚長，能爲富家護麥場。小賊不敢竊，婦女遵令拾穗不亂行。村人爭致饋，一家得小康。瞽夫魚眥，愛子嬉其旁。百事不復理，樂於南面王。日非肉不飽，婦爲拾來豬腸馬腎盈頃筐。嗟哉此婦，天下無對，敬夫如天，撫妾如妹。螽斯繼先人，燕翼教兒輩。俯仰天地間，使我長嘆喟。君不見買臣妻，嫌其夫貧竟生離。又不見齊人妻，訕其良人嘗涕洟。近來大僚更出奇，大王雄風忽變雌。雙眸炯炯皆不瞽，珠圍翠繞胭脂虎。絶其後嗣不許納小星，日向妝臺叩首如鳴鼓。穆氏之夫幾生修，娶婦能得第一流。功成歸故里，東安百世芳名留。我勸閨人敬夫無怨尤，嗟我穆氏誰與儔！

俠女

鐵冷叢談

女名雪霞，俄人。父從軍，戰死日俄之役。雪霞烈腸俠骨，綽有父風。而明眸含光，丰神秀逸，固絶世麗姝也。訂婚於同里白愛爾，戲水雙鴛，和諧有日矣。白愛爾爲急進派，憤政府無狀，不能潛暗殺風潮，嘗慷慨激昂，論列時事。時緹騎四出，緝裳甚嚴，懸賞重金，購致首級。而杯躬蛇影之餘，急進派之白愛爾遂被擁以去。鍛煉之語，羅織之詞，白愛爾亦無以自白。雪霞聞白愛爾被捕，憤甚。自忖人孰不有死，死固無足懼，亦無足惜。惟吾夫而死於戰陣，死於社會，死於學術，則雖死有榮光。今以莫須有三字之冤，陷以大辟，冤獄沈沈，長此終古，人道何在乎？余不雪白愛爾冤，余死不瞑目。時白愛爾在獄既久，自分必死，嘗自謂，余之心可以質天地而泣鬼神，今日總不獲見諒，他日必有冤吾死者。是余死於目前，而不死亡於千古，雖赴斷頭臺，殊甘之如飴也。惟素所愛慕之雪霞，竟不得一聚首，今則泉壤分飛，重緣來世，英雄末路，思之又甚悒悒。一夕有服警服者，挺然入，持警監蓋印紙，謂奉警監命外提。白愛爾惘然從之出，時萬籟俱寂，皓月當空。白愛爾久跼獄中，不能速走，尋至一曠野，則荒郊故壘，風瀟鬼喊，白愛爾覩之，無一非傷心慘目之危境，自思余死已矣。余至者，將何以堪！正忖度間，諦視押者，乃即皓齒明目之愛妻雪霞。警服束裝，倍覺嫵媚。意外相見，悲喜交集。忽雪霞囑稍待，旋復往警署，躍入警監室，越屋如平地。適警監方默坐，麗人一躍下，佩劍持槍，警監猝睹此□□，雪霞謂之曰：『余决不汝害，汝稍聲張，槍珠貫喉矣。余有一言□，網羅黨人，誅及無辜，爲淵驅魚，爲叢驅雀，愛國者果行見怨氣所積，上天殛汝矣。』警監欲有所言，則一瞥已去，知獄中失人事，乃恍然昨夜之俠者，非無因也。尋知白愛爾，不追究，後雪霞與白愛爾亦不復見云。

#《問津文庫》已出書目（總計九十三種另三種）

◎天津記憶

沽帆遠影　劉景周著　五九圓

荏苒芳華：洋樓背後的故事　王振良著　四九圓

津門書肆記　雷夢辰原著／曹式哲整理　四九圓

故紙温暖：老天津的廣告　由國慶著　二八圓

沽上文譚　章用秀著　三八圓

百年留踪：解放橋的前世今生　方博著　三九圓

南市滄桑　林學奇著　七九圓

津沽漫記：日本人筆下的天津　萬魯建編譯　三九圓

憶弢盦：來新夏先生紀念文集　焦静宜編　九二圓

與山河同在：天津抗日殺奸團回憶録　閻伯群編　三八圓

楮墨留芳：天津文化名人檔案　周利成著　三〇圓
布衣大師：允文允武的藝術名家閻道生　閻伯群著　三〇圓
口述津沽：民間語境下的堤頭與鈴鐺閣　張建著　二八圓
大地史書：地質史上的天津　侯福志著　二九圓
丹青碎影：嚴智開與天津市立美術館　齊珏編著　二八圓
立憲領袖：孫洪伊其人其事　葛培林著　三〇圓
津門開歲：徐天瑞日記解讀　王勇則著　五八圓
水産教育家張元第　張紹祖編著　三六圓
八年夢魘：抗戰時期天津人的生活　郭文杰著　二八圓
沽文化詮真　尹樹鵬著　四八圓
圈外談藝録　姜維群著　三八圓
記憶的碎片：津沽文化研究的雜述與瑣思　王振良著　三八圓
水産教育家張元第集　張紹祖編　五八圓
應得的榮譽：女醫生里昂羅拉·霍華德·金的故事
［加］瑪格麗特著／胡妍譯　三八圓

海河巡鹽：國博藏所謂《潞河督運圖》天津風物考　高偉編著　五八圓
析津聯話　章用秀著　五八圓
頂上功夫：寶坻剃頭匠的歷史記憶　甄建波著　六八圓
四當明霞：藏書目里的章鈺及其交游　李炳德著　六八圓
津沽舊事　郭鳳岐著　一九八圓

◎通俗文學研究集刊

望雲談屑　張元卿著　三九圓
還珠樓主前傳　倪斯霆著　三八圓
品報學叢·第一輯　張元卿、顧臻編　三八圓
云雲編：劉雲若研究論叢　張元卿編　三八圓
品報學叢·第二輯　張元卿、顧臻編　三二圓
劉雲若評傳　張元卿著　三二圓
鄭證因小説經眼録　胡立生著　七八圓
品報學叢·第三輯　張元卿、顧臻編　四八圓

◎三津譚往

◎九河尋真

九河尋真·二〇一四　萬魯建編　五九圓
九河尋真·二〇一五　萬魯建編　八八圓
九河尋真·二〇一六　萬魯建編　九八圓
九河尋真·二〇一七　萬魯建編　九八圓
九河尋真·二〇一八　萬魯建編　九八圓

◎津沽文化研究集刊

《雷雨》八十年　耿發起等編　五五圓
陳誦洛年譜　張元卿著　四八圓
碧血英魂：天津市忠烈祠抗日烈士研究　王勇則著　九八圓
都市鏡像：近代日本文學的天津書寫　李煒著　三八圓
天津楹聯述略　李志剛著　三六圓
口述津沽：民間語境下的西沽　張建著　五六圓
口述津沽：民間語境下的西于莊　張建著　一〇八圓
紫芥掇實：水西莊查氏家族文化研究　葉修成著　五八圓

蘆砂雅韵：長蘆鹽業與天津文化　高鵬著　五八圓
王南村年譜　宋健著　七八圓
國術之魂：天津中華武士會健者傳　閻伯群、李瑞林編　七八圓
來新夏著述經眼録　孫偉良編　一九八圓
舉火燒天：天津抗日殺奸團紀事　楊仲達、陶麗著　六八圓

◎津沽名家詩文叢刊

王南村集　王煐原著／宋健整理　六八圓
嚴範孫先生古近體詩存稿　嚴修原著／楊傳慶整理　四八圓
星橋詩存　蘇之鑾原著／曲振明整理　五八圓
退思齋詩文存　陳寶泉原著／鄭偉整理　八八圓
待起樓詩稿　劉雲若原著／張元卿輯注　四二圓
劉大同詩集　劉建封原著／劉自力、曲振明整理　八八圓
碧琅玕館詩鈔　楊光儀原著／趙鍵整理　五八圓
石雪齋詩稿（附遂園印稿）　徐宗浩原著／張金聲整理　六八圓

◎津沽筆記史料叢刊

◎**名人與天津**

李叔同與天津　金梅編　六八圓

我與曲藝七十年　倪鍾之著　六八圓

辛笛與天津　王聖思編著　八八圓

◎**梓里尋珠**

傳承與突破：近代天津小説發展綜論　李雲著　七八圓

從租界到風情區：一個中國近代殖民空間在歷史現實中的轉義　李東曄著　六八圓

趕大營研究　張博著　六八圓

◎**隨藝生活**

方寸芸香：藏書票裏的書故事　李雲飛編　九八圓

問津書韵：第十三届全國讀書年會文集　杜魚編　七八圓

開卷二〇〇期　董寧文、董國和、周建新編　一六八圓